Rumo à Solução

CB131976

Rumo à Solução

COMO TRANSFORMAR O CONFLITO EM COLABORAÇÃO

STEWART LEVINE

Tradução
GILSON CÉSAR CARDOSO DE SOUSA

EDITORA CULTRIX
São Paulo

Título do original: *Getting to Resolution.*

Copyright © 1998 Stewart L. Levine.

Publicado originalmente por Berrett-Koehler, San Francisco, CA, USA.

Publicado mediante acordo com Linda Michaels Ltd., Agente Literária Internacional.

Todos os direitos reservados. Nenhuma parte deste livro pode ser reproduzida ou usada de qualquer forma ou por qualquer meio, eletrônico ou mecânico, inclusive fotocópias, gravações ou sistema de armazenamento em banco de dados, sem permissão por escrito, exceto nos casos de trechos curtos citados em resenhas críticas ou artigos de revistas.

O primeiro número à esquerda indica a edição, ou reedição, desta obra. A primeira dezena à direita indica o ano em que esta edição, ou reedição, foi publicada.

Edição	Ano
1-2-3-4-5-6-7-8-9-10	01-02-03-04-05-06-07

Direitos de tradução para a língua portuguesa
adquiridos com exclusividade pela
EDITORA PENSAMENTO-CULTRIX LTDA.
Rua Dr. Mário Vicente, 368 — 04270-000 — São Paulo, SP
Fone: 272-1399 — Fax: 272-4770
E-mail: pensamento@cultrix.com.br
http://www.pensamento-cultrix.com.br
que se reserva a propriedade literária desta tradução.

Impresso em nossas oficinas gráficas.

Para Adeline & Meyer

Imagine todas as pessoas vivendo a vida em paz.
Você pode achar que eu sou um sonhador, mas não sou o único.
Espero que, algum dia, você se junte a nós.
E o mundo será UM.

— John Lennon, *Imagine*

Sumário

Parte III

Parte IV

Listas e Gráficos

Prefácio

Quando cursava o segundo ano de Direito, tive o meu primeiro trabalho "real" de advogado. Eu era estagiário num escritório local de serviços jurídicos. Logo no primeiro dia, deram-me vinte e cinco casos para "esmiuçar". Seria o meu trabalho do semestre. Três semanas depois, pedi ao chefe mais casos. Quando ele perguntou sobre os vinte e cinco que já me havia confiado, respondi que os resolvera.

O chefe ficou surpreso... e muito curioso. Quis saber como eu o conseguira. Expliquei que vasculhara arquivos, conversara com clientes, refletira sobre bons resultados e sobre o que seria necessário fazer, entrara em contato com o advogado ou escritório da outra parte e chegara a uma solução satisfatória.

Eu nada sabia sobre a profissão de advogado. Ignorava que os casos eram difíceis, exigiam muito tempo ou deviam ser conduzidos de determinada maneira. Apelando para o senso comum e o "espírito de principiante", encontrara a solução que melhor convinha a todos os envolvidos. Simples, não? Simples para mim!

Passei os doze anos seguintes tentando transformar-me num advogado "bem-sucedido". Mas ia ficando cada vez menos eficiente em encontrar soluções. Então, sentindo-me frustrado, ansioso e com medo, abandonei a profissão. Dediquei os últimos quinze anos a recuperar o que eu sabia sobre solução quando comecei a carreira, a separar suas partes componentes e a aprender como ensinar tudo isso aos outros.

Quando eu era um jovem advogado, embora ouvisse polidamente os colegas mais velhos, surpreendia-me com os conselhos que me davam. A prática convencional desencorajava a comunicação entre as partes em litígio, a comunicação que eu utilizara para resolver meus casos, a comunicação essencial para uma solução eficiente. Muitos advogados faziam um jogo bem diverso daquele que meu instinto natural escolhera.

No entanto, eu estava fascinado pelo modo como juízes e advogados competentes compreendiam as preocupações verdadeiras das pessoas. Sabiam o que honrar e respeitar, como compor situações e condicionar expectativas. Encarnavam uma tradição que acomodava interesses rivais e obtinha consenso. Ganhar ou perder não era o objetivo de seu trabalho. O jogo deles limitava-se a solucionar problemas e devolver a vida às pessoas.

Eu seguia uma diretriz parecida, que se harmonizava com a crença de que todos temos muito a aprender sobre conflito; por isso, concentrei-me na compreensão do conflito, esse aspecto onipresente da existência. Em meio aos conflitos pessoais e de negócios, havia certa clareza: podemos controlá-los mais e até mesmo evitá-los se estabelecermos relacionamentos empresariais e pessoais em outros moldes.

Estou motivado a utilizar recursos com mais eficiência e a diminuir as emoções negativas do conflito. Isso me guia; isso catalisa soluções. Este livro oferece ao leitor aquilo que aprendi a partir de observações, estudo e reflexão. A jornada prossegue.

Meus Objetivos

Tenho objetivos específicos para este livro:

1. Modificar a sua idéia de conflito. Oferecendo um novo conjunto de princípios e valores, gostaria que você deixasse de pensar em problemas, disputas e fracassos para pensar em dedicação, aprendizado, criatividade e ensejo de criação de valores.
2. Fornecer um modelo de solução. Esse modelo consiste em medidas específicas e concretas para você seguir quando o conflito se apresentar em qualquer situação, ou quando você iniciar novos relacionamentos profissionais ou pessoais.

3. Inspirá-lo a desenvolver uma nova perspectiva ante o conflito. Graças a essa nova perspectiva, você poderá evitar o desgaste emocional, as conseqüências da energia improdutiva e o desperdício de recursos. Você aprenderá que, por mais desesperadora que a situação pareça, por maior que seja o impulso emocional para lutar e vencer, a solução sempre será encontrada em todas as situações.
4. Lidar com um quadro mental de solução. Quero ensinar-lhe um modelo capaz de estimular a dignidade e a integridade; expandir os seus recursos; e deixar que todas as preocupações sejam manifestadas, respeitadas e mescladas à solução.
5. Fomentar uma cultura baseada em princípios e práticas de solução e acordo. Espero que o livro o motive a tornar-se um "solucionador" na vida e um líder para os outros na prática da solução, sem deixar de valorizar a riqueza que a tensão criativa das diferenças oferece.
6. Capacitá-lo a assumir responsabilidade pessoal ante o conflito, a diversidade e o desacordo.

Esse último objetivo é importantíssimo. Estamos vivendo uma época de grave crise, mas também de muitas oportunidades. Venceremos *se* esboçarmos uma ordem mundial que assegure estabilidade, aumente os recursos naturais, preserve o ambiente, controle a população e nos leve a pensar em serviço e responsabilidade, em vez de em direitos e merecimentos. Esse processo começa com cada pessoa. Você precisa cultivar o seu próprio jardim. Como primeiro passo, aconselho-o a aprimorar o espírito de solução. Em face de nosso "planeta cada vez menor" e das transações cada vez mais numerosas da aldeia global, aprender a assumir responsabilidade por colaborações produtivas e a resolver os conflitos inevitáveis é essencial.

Chegou então a hora de começar a trabalhar em equipe com mais eficiência!

Conteúdo

Este livro baseia-se em quatro premissas simples:

1. O conflito é caro.
2. A solução eficiente de conflitos exige um novo paradigma de colaboração, baseado em dez princípios (delineados na Parte II).
3. A solução eficiente de conflitos requer o emprego de uma nova abordagem sistemática — um modelo a ser aplicado consistentemente para reforçar, mediante a rotina, o novo paradigma.
4. A solução de conflitos que utiliza esse modelo devolve você a uma vida produtiva e a relacionamentos funcionais.

A Parte I do livro estabelece seu contexto. O Capítulo 1 explica o que é solução e por que ela é tão valiosa. O Capítulo 2 mostra como o conflito é caro — o enorme custo individual e coletivo em que incorremos diariamente, quando trabalhamos segundo o padrão convencional de tratamento do conflito. Catalogo, ilustro e explico o custo do conflito para que você possa avaliar suas dimensões. Verá que, pela prática corrente, os "vencedores" estão perdendo. Esse fato é importante porque a cultura capitalista se baseia no dinheiro e no lucro. Espero que a constatação dos custos leve você a empregar novas práticas.

A Parte II contém um estudo de caso que introduz o modelo de solução (Capítulo 3) e oferece um panorama das etapas desse modelo (Capítulo 4).

A Parte III explica os novos princípios (nova maneira de pensar) para a solução de conflitos. As práticas correntes do antigo paradigma baseiam-se num conjunto fundamental de crenças que talvez tenham sido úteis num mundo alicerçado no poder e no controle. Esse mundo, pelo que vejo, está desaparecendo; e é tempo de nos acostumarmos a pensar de outra forma. Os novos princípios refletem concepções mais modernas, mais lúcidas. São eles que fundamentam as novas práticas do modelo de solução.

A Parte IV fornece uma explicação mais pormenorizada do modelo de solução apresentado na Parte II. A Parte IV mostra também o modelo em ação, encarnando os valores dos novos princípios. Registra alguns dos resultados obtidos pelo uso do modelo.

A Parte V analisa como os novos princípios de solução e o novo modelo se enquadram nos padrões atuais de solução de conflitos. Também apresenta os profissionais que podem ajudar você a utilizar os novos princípios e o novo modelo — o que fazem e como escolher um deles.

A Parte VI antecipa o que poderá acontecer se você seguir os princípios e práticas de solução.

Como Este Livro Ajudará Você

Este livro foi escrito para diversos grupos. Quem estiver procurando uma maneira de diminuir o *stress* provocado pelo convívio, pessoal ou de negócios, irá achá-lo valioso. Pessoas que trabalham com outras pessoas, e para elas, aprenderão a estruturar seus relacionamentos profissionais.

No caso de executivos, administradores, especialistas em recursos humanos e treinamento, proprietários de empresas e funcionários que precisam fazer muito com pouco, o livro ajudará a aumentar a produtividade, e a melhorar a comunicação e a coordenação entre equipes da própria companhia ou externas.

Empresários e homens de negócios que precisam construir "organizações virtuais" acharão o livro útil. Para consultores, advogados, arquitetos e contadores (cujo negócio depende da satisfação dos clientes), o livro fornecerá meios para articular expectativas com clareza e estabelecer sólidas relações profissionais logo de início. Também para gerentes, executivos, mediadores, advogados e psicólogos (que passaram a integrar o quadro dos que trabalham na área de solução de conflitos), o livro oferece instrumentos e idéias.

As pessoas que desejam mudanças sociais adotarão o novo paradigma. As que procuram fórmulas para um uso mais eficiente dos recursos sociais valorizarão as maneiras pelas quais esses recursos podem ser preservados. Quem detesta litígios verá que o número de processos pode ser reduzido se adotar os novos princípios como valores básicos.

Os que recorrem a serviços jurídicos e os que os evitam descobrirão que é possível economizar muito em termos financeiros e emocionais. As pessoas que andam em busca de profissionais capazes de entrar num relacionamento mais humano, baseado num acordo justo, aprenderão a identificá-los, bem como aos padrões que podem ser utilizados para formular um relacionamento satisfatório e previsível de prestação de serviços.

Pessoas casadas, membros da família e outros parceiros podem fazer acordos para ter mais intimidade, compreensão e relações menos estressantes.

Espírito de Principiante

Por favor, reconheça a dignidade do "espírito de principiante" quando tentar adotar as novas práticas. Seja paciente com você mesmo durante o processo de aprendizado. A maioria das pessoas quer-se tornar perita imediatamente. Quer galgar logo as encostas do saber, dominar o novo *software* ou sair a patinar sem muita prática. Recomendo que, primeiro, você se familiarize bem com as novas práticas. Garanto-lhe que vale a pena.

Seguir os princípios e o modelo melhorará sua qualidade de vida, das pessoas que o cercam e da comunidade na qual está inserido. Os princípios encarnam valores que todos queremos adotar. O modelo é simples, mas aplicá-lo apresenta um desafio. Utilizar novas práticas e desenvolver novos hábitos exige grandeza de espírito, dedicação e reiteração. À medida que você for ganhando competência, tornar-se-á habilidoso e apto a discernir quanta atenção formal aos passos do modelo algumas situações exigem, e quais passos não são necessários em outras. No começo, sugiro que você pratique cada passo: isso o ajudará a absorver todos os princípios e práticas.

Agradecimentos

A inspiração para este livro proveio de várias fontes. Gus Lee, autor de *China Boy*, foi decisivo. Como diretor do Office of Education of the State Bar of California, ele revisou um roteiro que escrevi para um vídeo de meditação e declarou: "Você tem uma mensagem muito importante a transmitir ao público. Quero que escreva um livro".

De meus pais, Adeline e Meyer, aprendi sobre valores, ética e integridade. Eles me incentivaram a buscar o que amava, pois assim o sucesso não deixaria de vir. Susan Howard ensinou-me a acreditar que eu era capaz de realizar qualquer coisa que quisesse. John Haynes demonstrou-me a atitude e o processo da meditação. Aprendi sobre liderança e solução — meu melhor trabalho — com Marsha Shenk, que me ajudou a descobrir a idéia de "acordos por resultados". Bud Seith personificou a maternidade masculina. Marty Africa é a prova diária da coragem, perseverança, responsabilidade e dedicação; agradeço-lhe por me dar abrigo durante a tempestade. Com meus irmãos Peter, Bill, Larry, Cliff e Steve, aprendi a alegria da camaradagem. Minha irmã Sharron fez-me ver o que era resignação. Agradeço a Tish por sua jovialidade. Agradeço a David por estar aqui e pelo exemplo que ele é.

Agradeço a Steve Piersanti, fundador da Berrett-Koehler, por ter reconhecido o valor desse projeto. Sua visão e incentivo às minhas idéias foram extraordinários. Laurie Harper, da Sebastian Agency, inclui-se nessa categoria. Agradeço aos revisores do manuscrito por seus comentários pertinentes, sobretudo Charlie Dorris e Barbara Kimmel, pelo cuidadoso trabalho de edição, e Detta Penna, pelos desenhos primorosos. Agradeço a meus clientes e aos alunos de todos os cursos que ministrei por sua contribuição a esta obra, e a todo o pessoal da Berrett-Koehler por tê-la implementado.

Mas, acima de tudo, agradeço a você, leitor. Obrigado por ter "resolvido" crescer e tornar sua vida, bem como a de todos os que o cercam, mais tranqüila.

Stewart Levine
Janeiro de 1998

Parte I

O Valor da Solução

A Parte I apresenta o contexto do livro. Esta seção mostra os vários custos do conflito e como o sistema vigente de solucioná-lo na verdade provoca mais conflitos. Os capítulos definem a solução e demonstram como a solução é valiosa.

Capítulo 1

Solução: Como Superar o Conflito, a Transigência e a Acomodação

Pelo diálogo, até os conflitos mais difíceis se resolvem e todos ganham com isso. O processo não envolve litígio nem desgaste emocional. É uma experiência agradável.
— Bill Brown, presidente da Influence Communications

Muitas vezes, a decisão de um processo judicial se caracteriza pela idéia de que, "se ambas as partes estão insatisfeitas, a decisão deve ter sido boa". Solução é melhor que isso! A solução dá alívio e satisfação plena. O problema não fica entalado na garganta.

Eis as melhores definições de *solução*, conforme os dicionários: (1) ato de deslindar uma questão ou problema intrigante; (2) resolução; e (3) desaparecimento ou remoção (como remoção de um tumor).

A última definição é a mais importante. Significa "como se nunca tivesse acontecido". O efeito corrosivo que chamo de *tagarelice interna* desapareceu. A interrupção da tagarelice deixa você livre para concentrar a energia e a atenção no presente. Se você já teve um problema de coluna, urticária ou osso quebrado, sabe o que quero dizer. Alguma coisa já está resolvida quando a lesão ou doença não impede nossas atividades atuais.

Isso é importante. Ninguém quer ficar ruminando hoje o impacto do conflito de ontem. O efeito pode consistir na persistência da cólera ou do ressentimento, ou na idéia de que o resultado ou acordo não foi justo.

Talvez você tenha resolvido esquecer a situação ou tenha deixado que outra pessoa a resolvesse.

Por mais de vinte e cinco anos como advogado, mediador, consultor e instrutor, adotei uma atitude "solucionadora".[1] Procurar o melhor desfecho de todos os pontos de vista leva à solução. Quer você seja um advogado contratado ou tenha interesse pessoal no caso, pode adotar uma "atitude de solução". Dessa maneira, você se torna um "observador" do que possivelmente seja justo no caso, mesmo que se ache diretamente envolvido. Aperfeiçoar a atitude de solução é um talento que você pode cultivar. Descobri que essa orientação é bem mais eficaz que tentar "vencer".

Solução Por Quê?

Você já deve ter conhecido pessoas incapazes de deixar de falar sobre o que aconteceu no passado. Vivem mencionando o assunto. Este domina a vida delas como se houvesse acontecido ontem — embora tenha uns vinte anos. Elas estão presas ao passado e perderam a capacidade de participar plenamente da vida.

O conflito tem um custo emocional que persiste depois que a batalha terminou. Independentemente de você ser um derrotado ou um vencedor, as cicatrizes podem ficar em você para o resto da vida. As pessoas gastam seu tempo lamentando a promoção que "perderam", os negócios que "perderam", o divórcio que "perderam", o projeto que "perderam". Essa visão estreita os mantém presos, acorrentados à sua própria raiva.

Ainda quando vencem, não conseguem sanar a causa real do conflito — o rompimento de uma relação suficientemente valiosa para que investissem energia emocional na batalha. Não param nunca de choramingar e continuam vergados ao peso do sofrimento emocional. Jamais "solucionaram" o verdadeiro problema. E talvez nem mesmo o tenham identificado! Nossos sistemas e formas atuais de pensamento (vencer) têm seu preço: o sofrimento. As escaramuças entre parceiros, pais e filhos, empregados e patrões cobram pesado tributo.

A produtividade e a satisfação, nos negócios ou nos relacionamentos pessoais, advêm de nossa capacidade de colaborar com os outros. Se você solucionou seus conflitos, pode dedicar-se às tarefas imediatas. Seus esforços não se dispersarão. O conflito pendente, por outro lado, obstrui a produtividade, a satisfação e o relacionamento funcional. No mundo de hoje, com seu "trabalho intelectual", a concentração e a criatividade são essenciais. É impossível que você seja plenamente produtivo quando está nervoso. Por isso é tão importante resolver a situação que lhe absorve as energias e a atenção.

Igualmente importante é ter o senso de solução ao iniciar um novo relacionamento. Colaboramos com os outros se buscamos o acordo. Às vezes, esse acordo é explícito, às vezes, implícito. Se você observar suas atividades através da "lente" do acordo, perceberá que sua dependência dos outros baseia-se numa rede intricada de acordos explícitos e implícitos. Se começar um projeto com incerteza ou entrar em conflito durante sua execução, amargará o custo de não conseguir solucioná-lo. Perceberá ainda como são inadequados os seus instrumentos para lavrar acordos e resolver conflitos. Embora fazer isso equivalha a uma capacidade importantíssima para quem trabalha em equipe, essa capacidade quase não é ensinada.

Nosso paradigma atual para resolver conflitos e iniciar relacionamentos proveitosos nos atrapalha devido ao modo como fomos programados para pensar, e em virtude das práticas e sistemas padronizados vigentes. Este livro lhe oferece os seguintes instrumentos novos:

1. Dez princípios de um novo paradigma — uma nova maneira de pensar sobre solução de conflitos.
2. Um modelo em sete etapas (passos) para solucionar conflitos — um guia de novos comportamentos. Princípios e modelo maximizarão sua capacidade de solucionar conflitos e obter resultados desejáveis em qualquer negócio ou relacionamento pessoal.

O Desafio Principal

O primeiro obstáculo a vencer para se alcançar uma solução é mentalizar um *acordo em princípio* — uma ampla compreensão do que a solução poderá ser. Uma vez obtido o acordo em princípio, acrescentar os detalhes é fácil. Você chegará a um acordo em princípio se cruzar uma barreira emocional: se deixar para trás a posição que assumiu. Para a maioria das pessoas, isso é difícil, pois exige que elas renunciem a uma vida inteira de tratamento diferente do conflito. As etapas do modelo foram elaboradas para ajudá-lo a superar esse obstáculo.

A superação da barreira emocional nada tem a ver com terapia pessoal. O trabalho interior é resultado de um pensamento novo — adotar os valores dos dez princípios do novo paradigma — e de ações novas — cumprir as etapas do modelo. Cada etapa do modelo contribui para a solução ao induzir você a expressar seus pensamentos, sentimentos e percepções a respeito do conflito. Depois que sua posição estiver articulada e não for mais puramente emocional, você e os outros poderão encará-la.

Embora as etapas do modelo pareçam lineares, chegar a uma solução não é um processo linear. Dar esses passos mecanicamente não conduzirá à solução se você não adotou os valores dos dez princípios. Mas, se os adotou, terá dado o primeiro passo, chamado Atitude de Solução. Em seguida, cada passo sucessivo o encaminhará para o desfecho, envolvendo-o profundamente nos aspectos pessoais, emocionais e humanos do conflito. Não terá de dizer "sim" aos princípios só porque eles parecem bons, adequados, moral ou politicamente corretos. É ótimo investir quando se suspeita que a persistência do conflito custará caro demais. O importante é envolver-se nos aspectos pessoais, emocionais e humanos do conflito; independentemente do que você pense dele, o conflito é sempre entre você e pelo menos uma outra pessoa.

O novo modelo apresenta uma abordagem sistemática. Quando aprendemos algo de novo, convém seguir práticas padronizadas. Os padrões nos orientam durante o aprendizado de uma nova habilidade. Ao aprender a esquiar, dirigir automóveis ou pilotar aviões, pomos em prática fundamentos que se tornaram hábitos inconscientes. O modelo oferece esses fundamentos. Utilizando-o, você desenvolverá o hábito e a proficiência, descobrindo então o valor dos princípios. Depois de conseguir a proficiência, começará a aperfeiçoar sua própria "maestria" — inovações dentro das práticas-padrão. Depois de absorver os princípios e etapas, a solução surgirá bem depressa!

O Valor da Solução no Ambiente de Trabalho

Assim como as empresas cortam custos, diferenciam produtos e melhoram a produtividade, as pessoas precisam trabalhar dentro de redes cada vez mais complexas de colaboração, rumo a objetivos comuns. Precisam de instrumentos que favoreçam a colaboração em presença do conflito. Em vez de ficar nervoso e irritado, você deverá aprender técnicas que levem à solução e o tornem mais produtivo. Este livro fornece um modelo de conversações que resultem na colaboração essencial para que se faça mais com menos recursos. Ele revela que o "acordo" — a última etapa na solução do conflito ou a primeira etapa no início de um novo relacionamento — é um processo contínuo e que o conflito, bem como as opiniões divergentes, constituem oportunidades para a criatividade e a inovação. Você aprenderá a chegar a acordos baseados em relações sinceras — acordos baseados na aliança.

Eis alguns benefícios dos acordos baseados na aliança:

Harmonia com os pontos de vista da alta administração

Fomento do trabalho em equipe

Estabelecimento de parcerias

Incentivo à participação

Adoção de perspectivas e opiniões divergentes

Utilização eficiente das diferenças

Coordenação com colegas de fora

Emprego eficiente de recursos

Comunicação mais ágil

Montagem de equipes autogerenciadas, de alto rendimento

Obtenção rápida de consenso

Criação de um ambiente de aprendizado e evolução

Aperfeiçoamento contínuo

Capitalização das vantagens de organizações virtuais

O presente livro fornece às empresas, funcionários e diretores os instrumentos para obtenção desses benefícios.

O Valor da Solução em Casa

Além de suas aplicações nos negócios e ambientes de trabalho, os instrumentos fornecidos por este livro tornarão mais satisfatórios e íntimos os relacionamentos pessoais — no casamento, no seio das famílias e em parcerias menos tradicionais, que já fazem parte de nosso novo e diferenciado tecido social. Uma vez que consideramos as relações pessoais a partir de um ponto de vista emocional e romântico, é difícil aceitar que um processo de solução de conflitos e obtenção de acordos, com insistência no comportamento, vá ajudar na manutenção de convívios mais gratificantes. A experiência, porém, ensinou-me o contrário.

Responsabilidade Pessoal pelo Valor da Solução

Muitos de nós evitamos a responsabilidade pessoal pela solução de conflitos. Embora agressivos, freqüentemente não temos coragem de manter ligações profundas com os outros. Fugimos ao confronto. Se temos problemas com uma transação comercial ou com um vizinho, deixamo-los aos cuidados de um advogado. Se vivemos um conflito emocional, corremos ao terapeuta ou conselheiro, na esperança de que nos diga o que fazer.

Reconhece-se em geral o conflito pelo sofrimento e o mal-estar. Se você assumir pessoalmente a responsabilidade, chegará à raiz do problema muito mais depressa do que se chamar outra pessoa para fazê-lo em seu lugar. Isso requer vulnerabilidade. Se não quiser ou não puder ser autêntico em relação a seus próprios sentimentos, logo renunciará à responsabilidade e buscará uma falsa segurança por trás de um processo mais estéril, friamente profissional. Fazendo isso, perderá a oportunidade de descobrir suas preocupações reais, atingir o cerne do conflito e alcançar uma solução.

Delegar a solução de conflitos a profissionais que, supomos, sabem diagnosticar e resolver nossos problemas é uma resposta culturalmente adquirida. Mas a delegação nos compromete porque os profissionais foram adestrados para acreditar — e acreditam mesmo — que estão mais bem equipados do que nós para tomar decisões cruciais que afetam o centro da nossa vida. Ora, esses conflitos contêm nossos sentimentos e emoções, e os profissionais a quem os confiamos não terão de conviver com a solução.

Este livro é um chamado à responsabilidade pessoal. Pede-lhe que adote novas práticas e assuma uma nova atitude no mundo. Exige que você se responsabilize pelo conflito, pela divergência, pelo desacordo — que você se torne "apto a responder" [*responseABLE*]. Fugir ao processo priva-o da satisfação de "chegar à solução". Quando você está envolvido, só você é capaz de antever a solução melhor. O valor, a força e o senso do eu provêm da participação plena. Claro, às vezes precisará de ajuda. E este livro foi escrito para orientá-lo quando precisar.

O Aprendizado de Novos Comportamentos

Este livro é um instrumento de aprendizado. Minha principal preocupação é que você aprenda novos comportamentos, novas práticas que melhorarão sua vida profissional e pessoal. Se continuar fazendo as mesmas coisas, vai continuar obtendo os mesmos resultados. É insensato irritar-se com os mesmos resultados quando se persistiu nos mesmos comportamentos. Aprender significa adquirir capacidade para praticar novas ações e obter novos resultados. A menos que implemente novos comportamentos, você nada terá aprendido.

Este livro não será difícil de entender. A experiência de vida já ensinou ao leitor muitas das habilidades de que ele necessita para dominar a arte da solução. O desafio é pô-las em prática — desenvolver o hábito de vivenciar os princípios no cotidiano.

Como pesquisa de fundo para o livro, conversei com mais de cem especialistas competentes em solução de conflitos. Suas concepções validaram muitas das idéias do livro. As histórias aqui contadas são reais, embora algumas tenham sido mescladas. Todas procuraram disfarçar a identidade de pessoas e organizações. A obra contém exemplos em que apareço como mediador, mas os princípios e processos valem também para situações em que estamos pessoalmente envolvidos. Você pode ser tanto mediador quanto personagem ao absorver o modelo e aprender a tornar-se um "observador" de sua situação pessoal. Esse é um dos objetivos do livro. Você deseja tornar-se "meta" em relação à situação, o que significa estar fora ou acima dela. Eu faço isso o tempo todo e você poderá fazer o mesmo.

O modelo e os princípios de solução podem também ser utilizados para intervenções em situações de terceiros — quando você tentar ajudar amigos ou colegas a resolver um conflito em que não se acha envolvido, ou atuar como chefe quando tiver responsabilidade direta.

O que me inspira é o paradigma da solução. E quero inspirar você. *Rumo à Solução* vai falar-lhe sobre paciência, investigação, aprendizado e aumento de perspectiva. A força e a inteireza da solução levam a resultados que não podemos inventar. É a diferença entre capengar e andar normalmente!

Rumo à Solução ajudará você a compreender mais o que já sabe sobre conflito. Ele apresenta uma abordagem mais simples e eficiente para obter, modificar e preservar acordos, o que é a chave do sucesso profissional e pessoal.

Resumo

Solucionar é cuidar do conflito para que não haja efeitos posteriores. Mais vale solucionar do que transigir porque os custos desses efeitos são menores. O desafio maior é obter acordos em princípio. Isso se torna mais fácil quando adotamos os valores dos dez princípios do novo paradigma e travamos os diálogos que o modelo de solução prescreve. A solução tem grande valor em casa, no trabalho e em nosso próprio íntimo. Trata-se de um talento que podemos adquirir se desenvolvermos o hábito das novas práticas.

Reflexões

Por favor, reflita durante alguns minutos sobre sua atitude em face do conflito. Lembre-se de como, em seu antigo ambiente, o conflito era encarado. Terá você aderido, sem escolha consciente, aos padrões que observava na infância? Esses padrões são úteis para você? Até que ponto sua maneira de lidar com os conflitos torna as situações ainda piores? Como seria se você conseguisse agir de modo a alcançar os resultados que pretende? Sua vida poderia ser diferente?

Capítulo 2

Os Vários Custos do Conflito

Gosto de resolver assuntos sem investir mais tempo, esforço e dinheiro do que o necessário.
— Karl Bareither, presidente da Family Business Consultants

Em 1994, dezoito milhões de processos foram apresentados aos tribunais americanos, ao custo de trezentos bilhões de dólares.[2] Li certa vez que 20% do tempo dos altos executivos da *Fortune* eram gastos em atividades relacionadas a litígios judiciais. Imagine agora as custas. Não é incomum que elas ultrapassem a quantia em causa. Há anos, se houvesse mais de cem mil dólares em causa, o litígio era uma alternativa viável. Hoje, o valor mínimo chegou a um milhão e continua aumentando. Seguir o velho paradigma custa caro!

O custo do conflito representa uma drenagem de recursos de enormes proporções, além de grande fonte de infelicidade e desassossego.

Por Que é Tão Caro?

O sistema jurídico tradicional, que talvez você considere o meio mais comum para resolver conflitos, não promove solução. Sua premissa operacional é que alguém vencerá. Muitas vezes, nossa máquina de solução de disputas lança lenha à fogueira e obstrui a solução. Pior: quando você está empenhado nesse processo de solução de conflitos, sua vida produtiva, que é o que importa, vai por água abaixo. O sistema não promove soluções que atinjam as fontes profundas do conflito: as rupturas de relacionamento. O processo não se destina a devolver às pessoas uma condição normal de produtividade.

O sistema vigente implica querela, controle e sobrevivência da mentalidade da maior conveniência. Baseia-se na dialética e nos padrões de certo/errado, ou/ou que deram origem à lógica aristotélica. Embora vivamos num mundo densamente povoado, de rápidas mudanças tecnológicas que clamam por sistemas capazes de fomentar a colaboração, pessoas e instituições aferram-se tenazmente a velhos hábitos.

Representantes eleitos (muitos deles advogados) a quem delegamos o poder acreditam às vezes que devemos promulgar maneiras de nos tratarmos uns aos outros. Não raro, mostram reação patelar quando aprovam uma nova lei ou regulamento em resposta a algum problema. Isso não funciona. Os padrões necessários a um tecido social eficiente não podem ser legislados. O que falta são a ética e os valores sólidos antes ensinados pelas escolas e instituições religiosas, e que as famílias ampliadas adotavam. Esses valores ficaram obscurecidos em nossa moderna, móvel e fria tecnossociedade.

Dado que as estruturas familiares e as instituições religiosas se fragmentaram tanto, já não confiamos nelas para ensinar os valores primários. Muitas pessoas procuram padrões externos que lhes apontem o que fazer. Não raro, elas se sentem pouco inclinadas a colaborar porque a parceria verdadeira brota das "alianças" que a comunidade, a família e a religião sempre exigiram e protegeram. Algumas pessoas não têm modelos de comportamento e infelizmente, em muitas circunstâncias, não sabem como se tratar umas às outras dentro do espírito de aliança.

Em recente entrevista, o conhecido futurólogo Alvin Toffler, autor de *Future Shock*, *The Third Wave* e *Powershift*, declarou: "É na teoria do conflito que mais precisamos de idéias novas e criativas. Isso se aplica à guerra e à paz, mas também à vida doméstica. A verdadeira fraqueza do país é a falta de métodos de solução de conflitos além do litígio e do revólver".[3]

Toffler está no caminho certo. Nossa crise atual foi provocada tanto pelas características do sistema vigente de solução de conflitos quanto pelo modo como é administrado, o que provoca:

- Aumento do número de leis estatutárias e normas jurisprudenciais, refletindo a multiplicação de advogados e de transações complexas, que exigem regulamentação.
- Comercialização da tradição jurídica, alimentada pela competição e a publicidade.
- Confiança cada vez maior em conselheiros e terapeutas, que cuidam de nossos conflitos internos e reforçam nossa mentalidade de evitar problemas.
- Perda de confiança e incapacidade de determinar o valor ou a necessidade de certas ações praticadas por advogados ou terapeutas (veja-se o número crescente de processos por negligência profissional).
- Conflitos de interesses dos advogados, pois sua prática de cobrar por hora resulta em devoção ao processo, não aos resultados.
- O aumento de causas em que os honorários são possíveis e não há nada a perder.
- O campo minado jurídico, econômico e emocional dos processos.
- O mito de que se encontrará verdade e justiça numa sala de tribunal, mito perpetuado pelos modelos de comportamento celebrados na televisão.

Essas razões são sintomáticas. Evidenciam o rompimento da aliança entre membros da mesma "comunidade". Traem uma falta de comunicação. As pessoas estão voltadas para si mesmas. Cuidam de seus "direitos" e "qualificações", sem se lembrar das *responsabilidades* que têm para com o próximo. Tudo isso é fruto do sistema de "vencer ou perder" e das práticas vigentes.

Muita gente anda à cata de orientações e normas que lhes ensinem a maneira de tratar seus semelhantes. Isso requer novas práticas e novos modos de pensar, que constituem o objeto do presente livro. Antes de analisá-los, vejamos quanto custa agir pelo método atual. À medida que formos passando em revista os vários custos, calcule quantas coisas mais você poderia fazer se economizasse os recursos despendidos, o dinheiro e as energias gastas na batalha da solução tradicional de conflitos. Imagine-se empregando esses recursos na obtenção daquilo que deseja.

O Custo do Conflito

Eis a composição do custo do conflito:

1. *Custo Direto*	Honorários de advogados e de outros profissionais
2. *Custo de Produtividade*	Valor do tempo perdido Produtividade negativa para os envolvidos
3. *Custo de Continuidade*	Ruptura de relacionamentos duráveis, inclusive a "comunidade" que encarnam
4. *Custo Emocional*	O sofrimento de permanecer refém das emoções

Vale a pena identificar os custos do paradigma vigente e levar em conta alguns exemplos concretos. Espero que o reconhecimento do custo leve à mudança.

Custos Diretos

Devido à incapacidade de enfrentar problemas, muitas pessoas gastam o que não podem com "gladiadores profissionais" contratados para fazer o serviço. O divórcio de um casal que só possui uma casa pode transformar essa casa em custas judiciais. O processo traz à tona o pior de pessoas que pensaram bem uma da outra a ponto de casar-se, mas que agora não conseguem sequer sentar-se para conversar.

Uma Vitória Vazia. Os Cobbs se meteram num processo sobre problemas de vazamento e erosão que não lhes haviam sido comunicados pela imobiliária de quem compraram sua nova casa. O que começou como exigência de trinta mil dólares para reparar os danos do vazamento e redirecionar o caminho de entrada resultou numa batalha de quatro anos, com custas de mais de cento e setenta mil dólares, além de outros vinte e cinco mil pagos aos engenheiros responsáveis pela perícia.

À medida que a situação se agravava, os Cobbs concluíram que já haviam gasto demais para perder a causa. Tinham, pois, de ir em frente. A Sra. Cobb estava cada vez mais agitada porque o marido não queria desistir. A imobiliária mostrava-se decidida a provar que tinha razão. Arregimentou as energias de seu próprio pessoal, contratou dois advogados, um executivo e um corretor de imóveis. Tudo isso por algo que acontecera quatro anos antes e em que ninguém pretendera lesar ninguém. O resultado foi uma vitória vazia. Os Cobbs levaram a melhor, mas o juiz não lhes concedeu isenção de pagamento dos honorários advocatícios — a única esperança que tinham de recuperar-se financeiramente, pois o valor real da causa era de apenas trinta mil dólares.

Sally e Frank. Sally e Frank estavam casados há mais de vinte anos. Ela não apreciava a idéia de divórcio, mas achava que as coisas não podiam continuar daquele jeito. Finalmente, criou coragem para dizer a Frank o que pensava e exigir as mudanças necessárias para o casamento continuar. Frank mostrou-se inflexível. Sally e suas amigas mais íntimas tentaram convencê-lo de que era melhor para ambos separar-se; talvez, após ficar algum tempo afastados um do outro, pudessem esfriar a cabeça e encontrar uma nova base para seu relacionamento. Frank não queria nem ouvir os conselhos de colegas, terapeutas ou familiares.

Após inúmeras tentativas baldadas de chamar Frank para uma conversa, a fim de estudarem uma solução, Sally pediu o divórcio. Frank endureceu. Deixou de dar dinheiro. Embora lhe mostrassem que, se desejava a reconciliação, o melhor seria afastar-se por algum tempo, ele preferiu uma guerra que não teria vencedores. Contratou um advogado que pensava da mesma maneira. Resolveram não pagar um tostão nem cooperar até que um juiz o ordenasse.

Sally e Frank gastaram dezenas de milhares de dólares com honorários advocatícios. Outros milhares foram para os bolsos de terapeutas, que faziam avaliações psicológicas, e de contadores, que esmiuçavam as rendas de Frank. Cada lado tinha seus peritos, além dos indicados pelo tribunal.

Embora façam parte do paradigma atual, esses honorários são um desperdício de recursos. A quantia teria sido mais bem empregada na construção de novos lares para Sally e Frank. O dinheiro gasto com peritos poderia financiar a criação da auto-estima presente e o aconselhamento para a transição. Mas foi malbaratado com um passado já morto. Para Sally e Frank, um procedimento simples, logo no começo, teria transformado a situação em história.

Custo de Produtividade

O tempo é um bem inestimável, mas limitado. Quando as pessoas tentam recuperar o passado, não conseguem criar nem produzir valores no presente. Este custo apresenta dois aspectos: perda direta e produtividade negativa. A perda direta é o valor do tempo da pessoa — aquilo que a pessoa deveria receber, mas não recebe por estar metida no conflito. A produtividade negativa é o valor que a pessoa poderia ter produzido se suas energias estivessem concentradas na criação e inovação.

Propriedade Intelectual. Dois colegas criaram formas inovadoras de "tecnologia" de administração. Esses métodos representavam contribuições significativas ao conhecimento básico sobre produtividade pessoal e liderança. Brigaram durante um ano pela propriedade intelectual do que haviam criado. A perda de produtividade provocada pela querela foi de espantar, pois muitos estudantes e clientes poderiam ter aproveitado o valor da descoberta; em vez disso, o tempo dos dois foi gasto na disputa. A perda direta foi a diminuição dos lucros. A produtividade negativa consistiu no valor de outras inovações que poderiam ter sido desenvolvidas durante o conflito. (Outra perda: o valor que cada estudante poderia ter produzido.)

Sally e Frank — Parte II. Nesse caso, Frank concentrou-se no conflito, não em seus negócios; sua capacidade foi diminuindo durante o litígio devido às preocupações. Por exemplo: se ganhava dois mil dólares por semana, esteve ausente do trabalho por seis semanas para acompanhar o processo, e sua capacidade diminuiu 25% pelo período de litígio de dois anos, a perda de produtividade direta foi de sessenta e quatro mil dólares.

$2,000 X 6 semanas = $12,000
$2,000 por semana X 104 semanas X 25% = $52,000
$ 64,000

A produtividade negativa é difícil de calcular, mas provavelmente o envolvimento de Frank com o divórcio fê-lo perder oportunidades como detectar novas fontes de lucros, capitalizar vendas extras ou expandir suas operações.

Custo de Continuidade

Os custos de continuidade resultam do apego ao passado. Por exemplo, rupturas de relacionamentos ou de laços comunitários.

Amigas para Sempre. Mira e Ângela eram como irmãs. Cresceram juntas, casaram-se e tiveram filhos ao mesmo tempo. Viviam na mesma comunidade. A força da amizade as enriquecia. Raríssimo era o dia em que não passavam algumas horas juntas. Esse relacionamento era para elas um arrimo, uma grande bênção. Quando seus filhos entraram para o colégio, decidiram que era tempo de se associarem num negócio.

Produto dos anos 60, sempre haviam atiçado a criatividade uma da outra. Nunca pensaram em acumular dinheiro; só o que queriam era permanecer unidas. Abriram uma loja de roupas, utilidades domésticas, novidades: um magazine moderno, com funcionários gentis, sem nada da frieza de muitos estabelecimentos varejistas.

Foi um sucesso. A loja cresceu. Acrescentaram-lhe uma cafeteria. Em seguida, abriram uma segunda e uma terceira loja. Oito anos depois, eram vinte e três as filiais, de modo que Mira e Ângela estavam ganhando mais dinheiro do que poderiam ter sonhado. Podiam passar a maior parte do tempo juntas e sentiam-se felizes. Que vida! Maridos e filhos entraram no negócio. Estavam construindo uma base sólida.

Anos antes, Mira e Ângela haviam jurado não permitir que dinheiro ou propriedades se metessem entre elas. Infelizmente, os maridos não tinham feito o mesmo voto. O de Mira, Alberto, trabalhara no ramo financeiro. A idéia de transformar a firma em sociedade anônima fez brilharem cifrões em seus olhos. Um estudo prévio revelou-lhe que Mira e Ângela poderiam embolsar seis milhões de dólares se vendessem 40% das ações da companhia. Ângela não queria saber de investimentos bancários nem de fiscalizações federais; queria conservar o que as tornara tão bem-sucedidas. Mas Alberto tinha fome... Alberto era agressivo... Alberto era ambicioso!

A ambição pode fazer coisas espantosas com as pessoas. Alberto começou a abalar a amizade de Mira e Ângela. Abriu uma fenda que se transformou num abismo. Ramon, marido de Ângela, tentou o diálogo — mas Alberto era um cabeça-dura. Teimava em provar que estava certo, que não transformar a firma em sociedade anônima iria levá-los à falência. O espírito que fizera da firma um sucesso perdeu-se. A chama se apagara. Os lucros diminuíram. Ângela passou a evitar Mira porque esta não conseguia controlar Alberto. Uma após outra, as lojas foram cerrando as portas. Ângela e Mira ficaram sozinhas. Nunca mais se falaram.

Um Metro de Terreno. Joana pediu-me para representá-la numa causa movida pela sua vizinha. Por mais de trinta anos, Joana considerara uma faixa de terreno de um metro de largura, adjacente ao caminho de entrada, como sua propriedade. Plantara flores e cuidava do gramado. À primeira vista, parecia óbvio que a faixa de terreno lhe pertencia. Mas um dia, sua vizinha Rute requereu uma perícia por questões de refinanciamento e descobriu-se que, tecnicamente, a faixa lhe pertencia.

Já que o relacionamento entre ambas era amistoso, surpreendeu-me que Rute não tivesse feito nenhum pedido informal ou comunicação antes de abrir processo. Estudei os documentos e sugeri que Joana discutisse com Rute a situação. Joana concordou, mas para sua surpresa Rute recusou-se a falar sobre o assunto. Seu advogado fez o mesmo em relação a mim. Calculei que Joana tinha 80% de chances de vencer se fôssemos ao tribunal, pois seu gozo pacífico do terreno nunca fora perturbado. No entanto, expliquei a Joana que sempre há um risco quando se recorre à justiça e melhor seria buscar um acordo. Ela assentiu, mas a outra parte, não. Teríamos de ir em frente. O juiz também sugeriu um acordo — e, de novo, nenhuma resposta de Rute. Vencemos, mais foi uma vitória vazia.

Joana descobriu que Rute agira a conselho de seu advogado, inclusive quando nada lhe comunicara. Joana estava furiosa. Sentia-se uma criminosa, embora nunca houvesse alimentado más intenções e tivesse ganho a causa. Dois anos depois, vendeu a casa que tanto amava: não conseguia controlar a raiva sempre que olhava para aquela faixa de terreno.

Irmão e Irmã. Seth e Sara tiveram uma briga séria por causa da propriedade do pai. Em criança, foram muito íntimos. E, mesmo depois de separados, continuaram amigos. Quando o pai morreu, porém, desentenderam-se quanto a um dinheiro da família entregue a Seth para investir num negócio. Aquele dinheiro fora uma doação, ou um adiantamento sobre a herança? Os dois irmãos estavam parcialmente corretos em suas posições e não duvidavam de que venceriam na justiça. E os dois perderam a guerra. Seth e Sara ficaram sem se falar durante trinta anos. No funeral de seu irmão Steve, entreolharam-se e romperam em lágrimas, sabendo que jamais iriam recuperar o que haviam perdido.

Custo Emocional

Às vezes, criam-se situações sem saída: uma briga com a esposa, o chefe, o vizinho, o amigo, o parceiro, o camarada que bateu em nosso carro. As emoções da raiva, do medo e da reprovação nos dominam e forçam uma reação que anula nossa capacidade produtiva. Em vez de voltar aos nossos negócios, ficamos indignados com a injustiça e com o comportamento inaceitável de quem nos ofendeu. Sentimo-nos consumidos pela vingança e pelo desejo de castigar o malfeitor. Não bastasse a perda já sofrida, a ira esgota nossa energia. Essa energia jamais será recuperada.

A Vingança do Passado. Randy finalmente recebeu a promoção que desejava. Essa era a boa notícia. A má era sua incapacidade de concentrar-se no trabalho. Estava disputando com a ex-esposa a guarda dos filhos, o que aumentava ainda mais sua raiva em relação ao antigo relacionamento. Ela queria um acordo, mas Randy insistia em vencer. Infelizmente, perdeu... o emprego. Tratava-se de um cargo que exigia todo o seu empenho. Perdeu duas coisas importantes porque ficara preso ao passado.

Sally e Frank — Parte III. Sally e Frank foram arrebatados por um furacão jurídico durante dois anos. Sally tinha de recorrer ao juiz a propósito de tudo: para manter Frank longe de casa, para forçá-lo a pagar a pensão, para intimá-lo a resgatar a hipoteca. Venceu essas pequenas escaramuças, mas ela e Frank, juntamente com os filhos, sofreram um grave trauma emocional. Sally e Frank raramente se falam; seus filhos estão tendo uma adolescência difícil; os pais de Frank e Sally, antes bons amigos, desentenderamse. Quanto a eles próprios, pararam na vida: nunca mais serão os mesmos.

As grandes mudanças nunca são fáceis, mas travar batalha judicial em torno de assuntos essencialmente emocionais é como jogar basquetebol num ringue de patinação no gelo. Sally e Frank não recuperarão o equilíbrio porque não renunciarão ao passado. Não voltarão a ser amigos. Os filhos estão magoados. Não se pode pôr uma etiqueta de preço nessas perdas emocionais, mas o custo é elevado. O que poderia ter sido um processo simples transformou-se numa situação em que os conflitos foram-se agravando, lado a lado com a angústia, o sofrimento e as cicatrizes.

Resumo

As atitudes e sistemas atuais de solução de conflitos alimentam conflitos. E conflitos custam caro. São os seguintes os custos, irrecuperáveis: (1) custo direto — honorários profissionais; (2) custo de produtividade negativa — o que poderia ter sido produzido; (3) custo de continuidade — ruptura de relacionamentos e de laços com a "comunidade"; (4) custos emocionais — a dor de ser prisioneiro das emoções.

Reflexões

Pense a respeito dos conflitos "caros" da sua vida. Qual foi o custo direto? O custo dos profissionais? O custo de produtividade negativa? O custo emocional? O custo da ruptura de relacionamentos? Enquanto reflete sobre sua situação, imagine os atos que poderia ter praticado e os resultados que poderia ter obtido se houvesse escolhido outro caminho. Como faria da próxima vez? Sua vida seria diferente?

Parte II

Uma Maneira Melhor de Solucionar Conflitos

Por que a solução é tão boa
e como você chega lá?
A Parte II apresenta uma introdução
às etapas do modelo de solução
e um estudo de caso sobre uma
decisão acertada.

Capítulo 3

Dois Irmãos: Uma História de Solução

Eu tinha poucas esperanças de chegar a um bom acordo... Todos aqueles a quem consultei fizeram-me acreditar que a única solução seria uma batalha judicial... Descobri o modelo de solução representativo das preocupações de um parceiro... Nós dois nos separamos com a sensação de ter vencido.
— Bill Thomas, presidente da Integrated Promotions

Às vezes, maneiras novas de fazer as coisas não são imediatamente compreendidas. Elas não se adaptam ao condicionamento de nossos sistemas de percepção. Não conseguimos enxergar o que não estamos esperando.

Um exemplo clássico é a história da indústria relojoeira. AQ — Antes do Quartzo —, os suíços detinham cerca de 95% do mercado. No início dos anos 1960, o pessoal da R & D suíça apresentou sua inovação, o movimento quartzo, aos barões da indústria. Os barões não entenderam nada: aquilo não tinha mola, partes móveis, rubis. Não podia ser uma máquina de medir o tempo. Mas os japoneses entenderam... e o resto é história.[4] Talvez você tenha uma resposta semelhante ao paradigma deste livro. Antes, porém, quero dar-lhe um quadro geral.

Assim como uma imagem vale mil palavras, uma boa história vale muitas páginas de explicação. Espero que o relato que se segue, mostrando os princípios e o modelo em ação, dê vida ao novo paradigma e faça com que você o adote.

A História de Dois Irmãos

Dois irmãos dirigiam uma empresa familiar, fundada por seu avô. O negócio era rendoso, bem-localizado, de boa reputação. A cidade crescia, a economia estava em expansão. A vida era boa. Os irmãos se casaram e começaram a criar suas famílias.

Tom, o mais novo, queria ampliar o negócio. Contratou um consultor e pediu ao irmão que se juntasse a ele no projeto. Confiante e de mente aberta, Bill ouviu com atenção as idéias de Tom e do consultor. Estudou o assunto com eles. Após refletir longamente, e não sem alguma hesitação, concordou em apoiar o projeto. Havia um legado familiar de integridade a proteger e Bill se preocupava com os motivos do irmão.

O consultor recomendou a contratação de mais empregados. Era um jovem ambicioso e Bill não se sentia à vontade com ele. Entretanto, não se opôs aos sonhos do irmão. Só o que não queria era mudar o caráter da empresa. Temia que Tom estivesse seguindo uma parte escura de si mesmo que Bill não conhecia. Tom se comportava como um menino que queria ver até onde podia chegar, não como um adulto interessado em valorizar a tradição da família.

O jovem ambicioso convenceu Tom de que Bill não era suficientemente agressivo e estava atrapalhando o crescimento da empresa. Bill perdeu o sono. Sua esposa notou que, onde antes havia respeito, haviam surgido conflitos entre os irmãos. Em vez de oferecer mais aos clientes e aumentar a capacidade de atender a um maior número de pessoas, a companhia passou a servir menos e a cobrar mais. Aquela não era a ética familiar de que Bill tanto se orgulhava. Tom não era nada honesto com os consumidores: prometia muito e cumpria pouco. Numa discussão, Bill desabafou: o comportamento da empresa era justamente o de proteger as pessoas. Lembrava-se da advertência do avô: saber onde parar para preservar a reputação de integridade.

Bill via o irmão sendo cada vez mais envenenado pela cupidez. Sugeriu que reconsiderasse sua estratégia. Profetizou o resultado inevitável: perderiam o bom nome e o próprio negócio. Tom chamou-o de ingênuo e acanhado. Bill resolveu deixar a empresa. O desgosto só lhe dava essa escolha. Não podia comprometer seus padrões nem conviver com os modos e a ambição de Tom, que por sua vez não queria ouvir falar de integridade, ética e tradição familiar.

Conflito

Foi preciso entrar num acordo financeiro sobre sua parceria. O negócio tinha de ser dividido entre os irmãos, e um de seus amigos sugeriu que me consultassem. Não me surpreendeu que, àquela altura, estivessem à beira de uma guerra. Com base em aconselhamento preliminar e em sua própria compreensão da situação, estavam-se encaminhando para o sistema tradicional de "conflito". Era-lhes impossível dar um passo. Cada qual insistia em culpar o outro, declarando-se "certo" enquanto o irmão estava "errado". Provar que "Eu estou certo" tornou-se a parte mais importante do conflito.

Os irmãos queriam a guerra. Deixaram de falar-se. Cada um consultou seu próprio gladiador. Não havia sinal da possibilidade de entendimento nem da capacidade de ser vulnerável e "realista". Suas atitudes se polarizaram e seus sentimentos de perda não foram reconhecidos. Estavam prestes a entregar-se às mãos de profissionais.

Enquanto isso, os negócios haviam virtualmente cessado. Todas as energias estavam reservadas para "vencer" a batalha. A disputa girava em torno do valor da empresa, de quem deveria pagar, quando e como. Ninguém pensava em chegar a uma solução justa, ocupar-se dos clientes ou trabalhar pelo futuro da empresa. O bolo que seus antepassados e eles próprios haviam tão penosamente preparado estava-se esfarelando.

Tom e Bill viviam o velho paradigma: esboçavam sua situação como um grande problema com muitos desfechos possíveis, não como um negócio que requeria criatividade para satisfazer a todos.

A Atitude de Solução

Concentrei-me em ajudar Bill e Tom a perceber como o prosseguimento da batalha lhes custaria tempo, dinheiro, desgaste emocional, oportunidades perdidas e cicatrizes para o resto de suas vidas. Nenhum deles estaria investindo no futuro; nada lhes restaria da bagagem emocional do passado. Constatei, em conversas separadas com cada um deles, que a preservação da fraternidade não era assunto a que se dispunham encarar nem reconhecer. Depois de falar-lhes, compreenderam finalmente que melhor seria para ambos entrar num acordo rápido. Nenhum podia arcar com o custo financeiro, emocional ou espiritual do agravamento da disputa. A mensagem que lhes transmiti foi seu "toque de acordar":

> Se vocês recorrerem à justiça e continuarem a disputa, chegarão a um novo acordo. Os termos serão ditados por um juiz, que sabe muito pouco de sua situação. A sentença talvez seja menos viável para cada um de vocês do que uma decisão tomada pelos dois. Por favor, examinem com cuidado o que estou dizendo. Lembrem-se da sabedoria de Salomão quando, rapidamente, resolveu uma questão de custódia sugerindo que a criança fosse cortada em duas. Se trabalharmos juntos, poderemos encontrar uma solução valiosa para ambos. De outro modo, quando a guerra terminar, sua empresa não valerá mais nada e vocês terão perdido um ao outro.

Depois de discutir seus pontos de resistência, os irmãos concordaram em avistar-se comigo. Estavam perturbados, não tinham nada a perder. Reunir as pessoas é quase meia batalha ganha. Sentar-se à mesa é como declarar tacitamente: "Quero resolver o assunto".

Quando nos encontramos, os ânimos estavam exaltados. Achei que o melhor era solucionar o caso o mais rapidamente possível. Concordaram em fazer uma sessão até que tudo se esclarecesse.

A História de Cada Um

A primeira parte do dia deu a cada irmão a oportunidade de contar sua história. Lembrei-lhes que era importante preservar a fraternidade e que o preço de não chegarem juntos a um acordo poderia ser elevado. Cada qual ouviu com atenção, e sem interromper, a história do outro. Para ambos, era como se estivessem na sala do tribunal. Abriram o coração. Isso lhes inflamou a cólera, mas também propiciou a catarse. Deu-me uma idéia da situação e do ponto para onde poderia ser direcionada. Ouvi o que diziam, mas também o que *não* estava sendo dito.

Completude

Depois que os irmãos contaram sua história, fiz-lhes uma série de perguntas estruturadas — um processo de "completude" para guiá-los em terreno escorregadio e volátil. Cada irmão confessou que estava tão frustrado e irritado com o outro que era impossível tolerar sua presença. Coisas duras, quase impublicáveis, foram ditas. Conduzi o diálogo para áreas de vulnerabilidade que todos temos em comum com pessoas tão íntimas como são os irmãos. Desapontamento, vergonha, angústia e perda da tradição familiar incluíam-se nessas áreas. Era um processo difícil, mas que também proporcionava imenso alívio. A franca hostilidade começou a diminuir. Reconheceram que sua camaradagem fora abalada pela cobiça. Lágrimas correram e certa compreensão principiou a manifestar-se.

Quando perceberam o que haviam perdido — esperanças frustradas —, lamentaram-no. E, após lamentar, já podiam estudar uma nova postura perante o futuro, a que chamo de *acordo em princípio.*

Novo Acordo

Decorrida a maior parte do dia, os irmãos resolveram pôr-se de acordo quanto à sua nova visão de futuro. Ela encerrava o que queriam e o que esperavam um do outro nas novas relações de negócio. Mais importante ainda para sua respectiva prosperidade, cada qual iria para um lado e construiria, com recursos próprios, um novo futuro. Não estavam mais presos ao passado, lutando inutilmente por algo que já ruíra.

Não chegamos apenas a um acordo: resolvemos os problemas emocionais e estruturamos suas futuras relações. Bill se mudaria para outra região do Estado e ali fundaria sua própria empresa. Era intenção de ambos ajudar-se mutuamente a montar um negócio que refletisse seus valores pessoais. Não foi difícil encontrar uma solução financeira que os satisfizesse, depois que as emoções serenaram. Concordaram em não fazer concorrência um ao outro. Sua medida de satisfação seria o sucesso nos negócios e a preservação da fraternidade. O medo desonraria o novo acordo.

Solução

Nascera um novo tipo de parceria. Aqueles "inimigos" compreenderam que eram irmãos. Tornaram-se colegas, credores, companheiros de viagem que tinham sabedoria e experiência a partilhar. Acima de tudo, permaneceram irmãos. Os detalhes do acordo não eram tão importantes quanto sua rápida caminhada para o futuro, com um mínimo de ruptura e despesa. Sentiram-se bem com o acordo, de volta à ação e à vida produtiva. A ferida podia começar a cicatrizar.

Assumi a tarefa de tornar cada um responsável por uma solução satisfatória. É mera questão de paciência e determinação continuar caminhando até que a solução apareça. Por pior que pareçam as coisas, é preciso bracejar contra a corrente, guiando os outros e permitindo que aprendam o que vem a ser um bom resultado. Podemos ter certeza de que a solução aparecerá. Talvez isso pareça envolver *status* e poder, mas na verdade diz respeito à fé.

Resumo

Este capítulo contém um exemplo do modelo em ação. A história revela o valor do novo paradigma: contemplar o panorama todo e descobrir o que está sendo desperdiçado numa situação. Dá uma idéia da textura da solução, bem como do que é possível. Ensina-nos o valor da nova perspectiva que podemos adotar. Embora o meu papel, no caso, fosse o de mediador contratado, o mesmo processo poderia ser usado por um amigo ou confidente. Como o livro mostrará, o modelo tem ampla aplicação: vale tanto para a situação quanto para quem o utiliza.

Reflexões

Pense num relacionamento de longo prazo, em que a situação de conflito foi superada porque você venceu ou levou vantagem. Como se sentiu depois que o entusiasmo da vitória arrefeceu? O caso veio a ter conseqüências ou repercussões que não percebeu no momento da vitória? A solução poderia ter sido mais duradoura? Por quê?

Capítulo 4

Um Guia para Resolver Conflitos: Um Modelo de Solução

Se você quer vencer, tome novos caminhos em vez de percorrer a trilha batida do sucesso convencional.
— John D. Rockefeller

Não pensamos na rede de pactos que molda a nossa vida enquanto um colaborador não viole um acordo implícito ou explícito que julgávamos manter. Então começa a tagarelice interior.

Você talvez suponha que a capacidade de elaborar acordos claros — tão importantes para uma vida de sucesso — seja um elemento intrínseco de nosso sistema operacional básico, ali instalado durante o processo educativo. Infelizmente, nós em geral aprendemos por meio do sofrimento, quando percebemos não saber o que seja um acordo eficiente.

O Paradoxo de Abilene

No início de uma transação ou relacionamento, é importante ser claro e minucioso sobre aquilo que queremos. Recentemente perguntei a Mark, alto executivo da Visa, qual era a seu ver o maior desafio. Disse-me que sempre via as pessoas partindo para a ação sem saber aonde iam. Achava que as pessoas deviam determinar com clareza seu destino antes de começar a agir, para não se pilharem em lugares onde nunca desejariam estar.

Nos termos do modelo de solução, esse conceito é importante por duas razões: (1) a clareza, no início de um relacionamento, minimiza o conflito; e (2) a solução do conflito é um acordo novo e claramente esboçado.

As preocupações de Mark podem ser mais bem exemplificadas pela clássica história do "Paradoxo de Abilene".[5] Eis uma versão resumida:

Seis pessoas estavam sentadas numa varanda, numa noite quente de agosto, a cerca de cento e cinqüenta quilômetros de Abilene, Texas. A temperatura e a umidade do ar eram elevadas. De repente, saltaram para o carro, que não tinha ar-condicionado, e correram para Abilene. Tomaram por estradas de terra a fim de comprar sorvete e refrescar-se. Enquanto viajavam com um calor insuportável, a poeira entrava no veículo e cobria-lhes a pele. Sentiam-se cada vez mais desconfortáveis. Cada qual perguntava a si mesmo "quem tivera aquela idéia maluca de ir a Abilene".

O caminho de volta não os aliviou em nada. Ao contrário, iam ficando mais agitados à medida que se aproximavam de casa. A pergunta interior "Quem tivera aquela idéia maluca?" transformou-se em resmungos enquanto o sorvete se derretia e se misturava à poeira. Ao chegar, saltaram do carro o mais depressa possível e começaram a acusar-se. Depois que se acalmaram, perceberam que ninguém quisera realmente ir. Todos foram pensando que era má idéia, mas não quiseram confessá-lo.

Quantas viagens fez você a Abilene? Chegar a um acordo eficiente no começo de um relacionamento irá poupar-lhe muitos quilômetros desconfortáveis.

Um Modelo Universal para Trabalhar com os Outros

O diálogo, no início de um relacionamento, evita o conflito e coloca todas as pessoas envolvidas em pé de igualdade. A conversação gera a parceria, pois todos começam com a mesma idéia em mente. O diálogo lança luz sobre a transação porque articula todos os detalhes. Ele aumenta a chance de cada um conseguir o que quer.

Embora não faltem boas obras sobre a teoria do conflito que sugerem princípios capazes de levar à solução, não existe um modelo fácil a especificar o que é necessário discutir e resolver para chegar a um acordo eficiente. A partir de minha experiência como advogado e de meu trabalho em organizações empresariais, desenvolvi um modelo para quem desejar maximizar sua capacidade de obter colaborações bem-sucedidas.

O modelo conduz, ao longo das etapas do diálogo, a um acordo eficiente. Leva-nos, por entre os conflitos inevitáveis, de volta a um estado de solução e produtividade. Embora seja apresentado em forma linear, você compreenderá, ao começar a trabalhar com ele, a engenhosidade e a "flexibilidade" das etapas do processo.

Na página seguinte, damos uma lista dos passos, cada qual acompanhado por um breve esclarecimento, correspondendo ao gráfico mostrado abaixo. Os Capítulos 15 a 21 contêm o "como fazer" para cada passo, ao lado de histórias ilustrativas e uma explicação mais abrangente.

Os sete passos da solução são os seguintes:

Passo 1. Desenvolver a Atitude de Solução

Passo 2. Contar a Própria História

Passo 3. Buscar uma Visão Preliminar da Solução

Passo 4. Tornar-se Atualizado e Completo

Passo 5. Ter uma Visão do Futuro: Acordo em Princípio

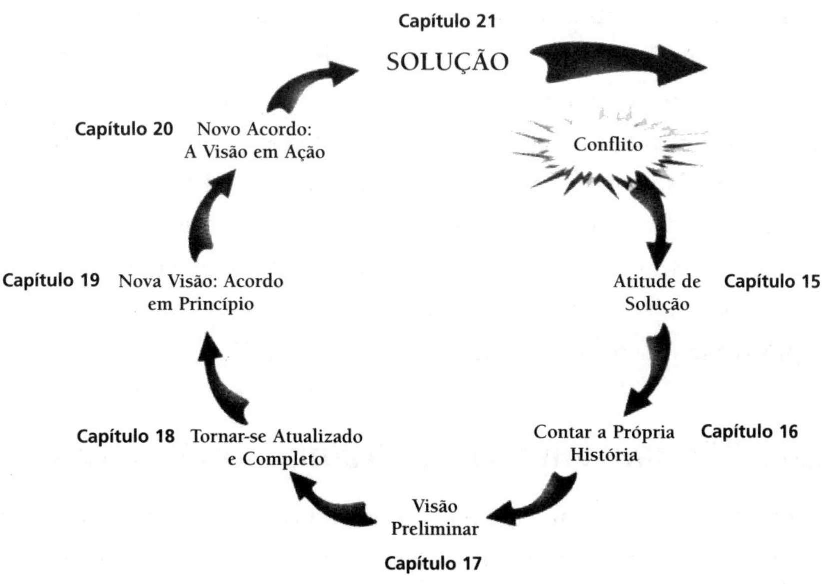

Passo 6. Fazer o Novo Acordo: Transformar a Visão em Realidade

Passo 7. Solução: Quando o Acordo se Torna Realidade

Enquanto cada um dos passos estiver sendo analisado adiante, recorde o processo pelo qual passaram os dois irmãos, no Capítulo 3.

Passo 1. Desenvolver a Atitude de Solução

Os dez princípios examinados na Parte III encerram os valores que moldam a atitude de solução. Essa atitude é o começo, o primeiro e mais importante passo. Não basta percorrer mecanicamente o processo sem cultivar primeiro a atitude de solução. E isso não acontecerá imediatamente. Você levará tempo para mudar sua maneira de pensar. Os padrões e crenças que alimenta a respeito do conflito demoraram a desenvolver-se. Estão profundamente enraizados e operam de maneira inconsciente. É preciso firmeza de intenção para adotar novas formas de pensar sobre colaboradores e conflitos. A fé e a confiança tanto em você mesmo quanto nos outros são imprescindíveis. Mas poderá realizar tudo isso. Este é o passo fundamental. O objetivo consiste em absorver os princípios.

Passo 2. Contar a Própria História

O segundo passo é contar a sua história e ouvir todas (inclusive a sua). Trata-se aqui de compreender e ser compreendido, um dos Sete Hábitos das Pessoas Altamente Eficientes que o Dr. Steven Covey nos inspira a cultivar.[6] Há grande proveito em ouvir as histórias de outros partícipes da situação. Procurar a "verdade" no que dizem não é tão importante quanto reconhecer sua autenticidade e compreender a verdade "deles". Aguçar a capacidade de ouvir faz com que entendamos a visão que os outros têm da realidade. Se você aprender a ouvir com atenção e respeitar a história dos outros, dará um grande passo rumo à solução.

Passo 3. Buscar uma Visão Preliminar da Solução

O terceiro passo é começar a pensar numa solução que atenda a todos os interesses. É renunciar à ânsia de vencer e conseguir uma visão que todos possam adotar. Provém do senso de justiça. A visão inicial poderá mudar à medida que você for reunindo informações e aprendendo mais. Mas deve persistir na postura de que é tão importante para "eles" conseguir o que querem quanto para você. Essa é a tese de Roger Dawson em sua obra sobre "negociação": a melhor maneira de conseguir o que queremos é garantir que os outros consigam o que querem.[7] As raízes da solução provêm da crença na abundância — de que há o suficiente para todos.

Passo 4. Tornar-se Atualizado e Completo

O quarto passo exige dizer coisas difíceis e às vezes intragáveis. Trata-se aqui de articular o que usualmente não se expressa, e de fugir às cadeias emocionais e intelectuais que nos mantêm presos ao passado. É a maneira de encarar o bom e o ruim de cada situação, de vivenciar e lamentar o desapontamento das esperanças não-realizadas. É o momento de pôr as cartas na mesa — e aproveitar o que restou para tecer uma nova trama de solução.

Passo 5. Ter uma Visão do Futuro: Acordo em Princípio

Agora que você já dispõe de uma visão preliminar, juntamente com a informação e a liberdade emocional proporcionadas pelo processo de completude, está pronto para o quinto passo: um acordo em princípio. Depois de examinar aquilo de que as outras pessoas necessitam e as falhas em sua própria atitude, você já pode alcançar uma compreensão geral da solução. Essa é a base de um novo acordo. Você não deseja mais aquilo que certamente não vai funcionar e concentra-se no que funcionará.

Passo 6. Fazer o Novo Acordo: Transformar a Visão em Realidade

No sexto passo, você acrescenta elementos específicos ao acordo em princípio. Esboça e constrói uma visão pormenorizada do futuro. O ponto-chave: você tem um mapa, uma fórmula de diálogo que aumentará, para todos, o potencial de obtenção de resultados desejados. Quanto mais se esmerar no detalhamento dos resultados desejados, maiores serão suas chances de alcançá-los.

Passo 7. Solução: Quando o Acordo se Torna Realidade

O sétimo e último passo é entrar em ação. Munido do novo acordo e com mente serena, lúcida quanto ao passado, você pode avançar livremente, dedicando suas energias e intenções aos resultados que ora deseja. Terá um novo e profundo senso de liberdade porque disse tudo o que não se costuma dizer. Completou o passado e elaborou uma imagem clara do futuro, bem como da estrada que para lá conduz. O processo o capacitará. Você se "solucionou".

Resumo

Este capítulo apresenta o modelo de solução em sete passos, um guia que o habilita a agir de acordo com os princípios do novo paradigma. Os Capítulos 15 a 21 explicitarão cada passo, depois que você tiver tomado conhecimento dos princípios que fundamentam o Passo 1 — a Atitude de Solução.

Reflexões

Escolha um caso para pôr em prática os princípios e técnicas sugeridos neste livro. Isso lhe permitirá ter resultados diferentes em ambientes de colaboração que têm sido problemáticos para você. Selecione algumas colaborações que não o satisfazem. Experimente o modelo durante vinte e um dias, tempo necessário para criar um novo hábito. Determine a data inicial. Preste atenção no que acontece!

Parte III

Um Pensamento Novo para Favorecer Soluções: Dez Princípios

Os passos para a solução serão inúteis se você não adotar os valores fundamentais que orientam as novas práticas. A Parte III explica os dez princípios que moldam o "pensamento novo", base do modelo.

Dez Princípios de um Novo Paradigma

Velho Paradigma	Novo Paradigma	Capítulo
1. *Escassez*	1. *Abundância*	5
2. *Desperdício de Recursos*	2. *Eficiência*	6
3. *Problemas, Controvérsias, Emoções*	3. *Criatividade*	7
4. *Incentivar o Conflito*	4. *Incentivar a Solução*	8
5. *Bravata, Pose*	5. *Vulnerabilidade*	9
6. *Adversário de Curto Prazo*	6. *Colaborações de Longo Prazo*	10
7. *Lógica*	7. *Sentimentos e Intuição*	11
8. *Segredo*	8. *Total Abertura de Informação e Sentimentos*	12
9. *Vencer*	9. *Aprender pelo Processo de Solução*	13
10. *Contratar Profissionais*	10. *Tornar-se Apto a Responder*	14

Capítulo 5

PRINCÍPIO 1

Acredite na Abundância

Velho Paradigma	**Novo Paradigma**
Escassez	*Abundância*

Quando olhamos o mundo por uma fresta, como ele parece estreito!... Mas, quando o olhamos com espírito largo, generoso e amigável, quanta gente maravilhosa encontramos nele!
— Horace Rutledge

O primeiro princípio — abundância — é a base dos demais e está compreendido neles. Se você não acreditar que há o "bastante" — o bastante para você ter o que você quer e para os outros terem o que querem —, a solução será muito difícil. Mas, se acreditar que há o bastante, o processo de seguir os nove princípios restantes e os passos do modelo produzirá solução. Nem sempre será fácil, mas é simples assim!

Abundância: Um Produto da Criatividade

A abundância está presente em todas as situações devido à nossa capacidade criativa. Nossas idéias criativas são a fonte da qual emergem os valores. Há pouco, telefonei para um cliente que não pagara sua conta. Respondeu que não tinha dinheiro. Em vez de enfurecer-me, perguntei-lhe se não poderia pagar com serviços ou bens. Após conversar um pouco, descobrimos que ele possuía um computador cujo valor era duas vezes o da dívida, do qual eu precisava e que ele não estava usando. Fiquei satisfeito com a solução e meu cliente também. Esse potencial existe em todo conflito. Basta travar um diálogo produtivo a fim de que o elemento necessário à solução possa ser descoberto ou inventado, a partir do potencial criativo que nos cerca o tempo todo.

Se os dois irmãos do Capítulo 3 teimassem em dividir o negócio, jamais chegariam ao ponto em que seu talento criativo os beneficiasse. Quando perceberam que as coisas não estavam funcionando, tiveram uma chance. Poderiam brigar pelo que julgavam possuir ou voltar-se um para o outro e compreender que, graças a seus esforços prévios, individuais ou em conjunto, haviam atingido o alto da montanha. Desse ponto de vista privilegiado, cada qual avistou o cume que desejava escalar. Os novos cumes eram diferentes, mas não havia razão para que não se ajudassem mutuamente.

Não existe lei que nos impeça de alcançar juntos o topo da montanha de nossos sonhos. Por que insistir em que "deve ser um caminho particular"? Se você se dispuser a considerar o universo imenso das soluções potenciais, obterá muito mais do que imagina.

Abundância: A Criatividade do Dinheiro

Todo lucro, valor, riqueza ou acumulação resultam das idéias de uma só pessoa ou de um grupo de pessoas que combinam suas energias e talentos. Pense num novo negócio, numa nova equipe ou num projeto comunitário de que já fez parte. O valor do negócio, a contribuição para a empresa como um todo ou o benefício para a comunidade vêm de algum lugar. A Microsoft começou como uma idéia na cabeça de alguém. A energia criativa de muitas pessoas que se juntaram e as inovações que conceberam fizeram numerosos milionários e alguns bilionários. A fonte foi o suprimento ilimitado de potencial. Antes da Microsoft, o campo dos microcomputadores como ferramentas de produtividade pessoal mal existia. Mas agora existe!

A escolha é sua! Se você escolher o princípio da abundância quando se associar a outros para solucionar um conflito, poderá penetrar num campo de potencial enorme. Não se trata de você *ou* eu; não se trata de nós *ou* eles. Qualquer que seja a situação, todos poderemos ter o que quisermos, bastando para isso recorrer ao suprimento abundante disponível para todos. A solução poderá parecer diferente da expectativa inicial. E então?

Lembre-se, o copo está semicheio!

Resumo

O Princípio da Abundância é a pedra angular do pensamento "solucionador". Não há limite para o que a criatividade pode produzir. Podemos aplicar os mesmos princípios de criatividade ilimitada, utilizados para novos empreendimentos, à solução de problemas e conflitos já existentes.

Reflexões

Quando você examinar os nove princípios restantes e retomar todos os estudos de caso ou exemplos, assuma a perspectiva da abundância. Reveja os momentos de sua vida em que foi condicionado pela perspectiva da escassez. Esse tipo de pensamento não estará limitando seu potencial?

Capítulo 6

PRINCÍPIO 2
Use Seus Recursos com Eficiência

Velho Paradigma	Novo Paradigma
Desperdício de Recursos	*Uso Eficiente de Recursos*

O homem que desperdiça uma hora não descobriu o valor da vida.
— *Darwin*

Pessoas que trabalham juntas freqüentemente desperdiçam recursos porque não possuem uma visão clara e articulada do lugar para onde vão e de como chegarão lá. Gastam os recursos tentando resolver os conflitos inevitáveis que surgem.

Assim pensava eu quando comecei a praticar a advocacia, há vinte e cinco anos. E não mudei de opinião. Isso é verdadeiro para todos os tipos de colaboração — parcerias empresariais, *joint ventures*, equipes intraempresariais, relações entre patrões e empregados ou entre profissionais liberais e clientes. E é especialmente verdadeiro para amantes e cônjuges. O desperdício está aumentando. Basta olhar para o número dos processos judiciais.

No começo, quando você se sente excitado por causa de um novo empreendimento ou relacionamento, o modo "padrão" de fazer as coisas pede que você se concentre em tudo aquilo que possa ir mal. Depois que se cansar de pensar nos "e se..." ("e se isso...", "e se aquilo..."), seu advogado provavelmente quererá fazer o melhor para "protegê-lo" das más ações que seu novo parceiro talvez vá perpetrar. O efeito previsível é criar um relacionamento hostil antes mesmo de ambos começarem a trabalhar juntos. Isso quase sempre transforma esperanças positivas em desconfiança e polarização. Afasta de tal maneira as pessoas, que uma colaboração bem-intencionada nunca acontece. Você nem chega a ter uma "lua-de-mel" com o novo colaborador, muito menos tempo para apreciá-la. Não é minha intenção censurar os advogados: eles fazem o melhor naquilo que aprenderam.

A ineficiência se agrava. Se você se envolver num conflito que não possa resolver facilmente, acabará sem dúvida numa sala de tribunal, clamando por justiça e verdade. Isso lhe trará muitos custos. Você deixará de se comunicar com o parceiro ou cônjuge, não cuidará dos negócios realmente importantes de sua vida e desperdiçará recursos. No Capítulo 2, vimos que o desperdício de recursos inclui custo direto, produtividade negativa, custo de continuidade e custo emocional.

Os dois irmãos do Capítulo 3 estavam a caminho de desperdiçar recursos. Se não houvessem tomado o rumo do novo paradigma, aceitariam o conselho de seus bem-intencionados advogados, que procuravam agir da melhor maneira possível. Os irmãos perderiam anos na busca de uma vantagem estratégica, dentro do contexto do litígio judicial tradicional. Sofreriam a perda dos lucros que esperavam da empresa e a desvalorização da própria empresa; a perda do custo direto de duas equipes de advogados e peritos forenses; a perda do que poderiam ter produzido se se concentrassem na produção; a perda da comunidade que haviam construído; e a perda de recursos emocionais, em função do conflito.

Comparemos isso ao que de fato aconteceu. Num curto período de tempo, eles se reuniram e resolveram eficientemente uma situação difícil. Cada qual foi cuidar de sua vida — com um mínimo de despesas, um mínimo de tempo, um mínimo de energia emocional.

Faça Acordos Eficientemente

A mentalidade hostil contamina o nosso pensamento em muitas situações de colaboração. Desdenhamos o valor de fazer o melhor para que a "parceria" funcione. O processo de chegar a um acordo eficiente exige que encaremos vários aspectos específicos daquilo que vamos fazer juntos, inclusive a possibilidade de conflito e a estratégia para combatê-lo. A prevenção de conflitos ocorre quando se estabelecem quais serão os pontos de concordância e discordância, que constituem aspectos inevitáveis de um relacionamento funcional.

Se você pormenorizar o acordo no começo do relacionamento, ou quando o conflito inevitável ocorrer, isso se revelará extraordinariamente valioso. A ineficiência muitas vezes ocorre porque não se sabe o que seja um bom acordo. Ter a medida do acordo cria eficiência. Não é preciso inventar a roda toda vez. Você sabe quais elementos deverão ser discutidos e fala sobre eles. Se todos estiverem em pé de igualdade desde o início, não se perderá tempo discutindo quem fará o quê. Uma conversa franca e minuciosa, logo de começo, permitirá que você decida criteriosamente se deve ir adiante ou não. Isso evitará gastar recursos com uma transação destinada ao fracasso.

Quando, pela primeira vez, desenvolvi o padrão de acordo discutido no Capítulo 20, senti-me como um menino com um brinquedo novo. Fiquei perplexo ante a reação surpreendente das pessoas quando lhes fazia umas poucas perguntas e no dia seguinte apresentava um acordo que deixava satisfeitos todos os envolvidos num projeto conjunto. O acordo exprimia o que eles queriam que acontecesse, não a forma como seriam protegidos se o empreendimento fracassasse.

Crie uma Colaboração Eficiente

Idealizar e implementar um projeto bem-sucedido é um exercício de formação de equipes eficientes. Isso implica a eventualidade de conflitos, mas não tantos quantos a sabedoria tradicional nos levaria a prever. As equipes passam por quatro etapas: formação, turbulência, normatização e realização. O conflito inerente à passagem por essas etapas não pode ser evitado, mas pode ser minimizado se (1) a equipe se puser de acordo desde o começo e (2) se todos se comprometerem a adotar os princípios e o modelo apresentados neste livro, buscando a solução tão logo surja o conflito.

Eu costumava me afastar rapidamente de projetos que desviassem tempo e energia da missão principal. Reparei que os membros da equipe se preocupavam mais com o poder pessoal e o sucesso individual do que com os objetivos propostos. Aprendera que, quando nos concentramos em objetivos consensuais, e agimos segundo pontos de vista e valores comuns, o resto encontra automaticamente o seu lugar. O desafio: esquecer os interesses egoístas. O segredo é adotar uma mentalidade de abundância: todos podem vencer sem que haja necessidade de um perdedor. Fixar o panorama geral, vislumbrar a floresta através das árvores e perder algumas batalhas em prol da causa maior são clichês; mas revelam que continuar é melhor do que desistir, a despeito do conflito passageiro. Em geral, recomeçar não é nada eficiente.

Se, no começo de um projeto, forem estabelecidos bons acordos e bons processos de solução, eles manterão as pessoas atentas aos objetivos. Embora jamais saibamos o que vai acontecer durante uma jornada, não convém iniciá-la antes de aumentar as chances de sucesso.

Resumo

A prática atual desperdiça enormes quantidades de recursos, tanto na busca de acordos quanto na solução de conflitos. Um dos princípios-chave do novo paradigma é preservar os recursos humanos e materiais graças a acordos e processos de solução eficientes.

Reflexões

Recorde uma situação em que achava que estava perdendo tempo e dinheiro. Qual a razão da perda? Você poderia ter agido com mais eficiência? Em sua opinião, uma visão claramente expressa e um acordo explícito teriam ajudado?

Capítulo 7

PRINCÍPIO 3

Seja Criativo

Velho Paradigma	Novo Paradigma
Problema, Controvérsia, Emoção	*Criatividade*

A imaginação vale mais que o conhecimento.
— Albert Einstein

Muita gente se perturba quando tem de enfrentar conflitos e divergências. Adotaram a atitude costumeira segundo a qual todas as coisas deverão ser perfeitas, fáceis e sem asperezas. E não deveriam? Não temos o direito de ficar perturbados quando não são?

O Conflito como Fenômeno Comum e Esperado

Quando os homens de negócios e os advogados conversam, tratam geralmente dos problemas e contratempos que os inquietam, perturbam ou aborrecem.

Muitas pessoas acham difícil aceitar que a vida está cheia de surpresas, conflitos, decepções e esperanças frustradas. Essas coisas acontecem — coerente e previsivelmente. O fenômeno foi muito bem expresso por um bebê que vi há pouco tempo no aeroporto. A mãe preparava-o para dar-lhe de comer e sacou de um elegante babador. Em grandes letras bordadas, liam-se as palavras:

"VOMITAR ACONTECE"

Sim, VOMITAR acontece! Como você encara isso, como você lida com isso, como você se comporta em relação a isso — tais coisas determinam a qualidade de sua vida.

Você já se meteu num conflito constante com algum membro da família ou colega? Toda vez que o conflito o envolve, fica impossível para você pensar numa solução criativa. A emoção o domina e dessa poderosa "reação" quase não se pode esperar criatividade.

Um de meus colegas de faculdade, por exemplo, jamais arrumava nosso quarto. Eu não conseguia atinar com uma solução criativa porque, quando via a bagunça, tinha imediatamente uma forte reação emocional. Anos depois, enfrentei situação semelhante. Mas então já havia aprendido a dizer "PARE" quando pressentia que estava caminhando para uma reação emocional daquele tipo. Parar me dá tempo para refletir numa solução criativa antes de o gatilho ser acionado e a emoção explodir, tornando-me um inútil.

Nada ganhamos por investir desnecessariamente energia emocional. Nossa capacidade não é ilimitada. Como meu sócio Irving costumava dizer, "Stewart, você não pode desgastar ninguém". O objetivo é tratar o conflito como fato comum e esperado. Se aprender isso, conseguirá concentrar seus recursos em soluções criativas.

A Criatividade em Ação

Observar como falamos a nós mesmos é essencial para aprendermos a vivenciar o princípio de criatividade. Um recurso útil é programar-se para não usar a palavra *problema* ante uma situação que pode gerar conflito. O segredo é encarar a situação como uma oportunidade de demonstrar espírito criativo. Antes que as emoções o inutilizem, procure descobrir qual seria a ação mais eficaz. Quando alguém lhe contar que tem um problema, apenas sorria e diga: "Nada disso, essa é a oportunidade para mostrar como podemos ser criativos". A chave de tudo é a maneira como falamos a nós mesmos. Se quisermos ver o copo semicheio e não semivazio, digamo-nos isso — digamos em nosso íntimo que a situação é uma oportunidade e não um problema.

Vejamos agora três exemplos de criatividade em ação.

Amplie Sua Perspectiva

Os dois irmãos do Capítulo 3 estavam seguindo a rota tradicional. Os advogados que consultaram não viam naquilo senão uma série de questões judiciais a serem dirimidas: quem tinha mais ações com direito a voto na corporação? Quem violara seus deveres para com a empresa? Estaria alguém se furtando às próprias responsabilidades? Alguém malbaratava o capital da organização? Alguém fazia jus a uma recompensa? Qual era o valor do negócio? Tratar dessas questões mistas de avaliação legal e empresarial é suficiente para manter um exército de causídicos e contadores forenses ocupados por muito tempo. Ninguém via a situação do ponto de vista prático e criativo da preservação de valores.

Eu não tinha nenhum palpite sobre o que poderia acontecer. Nada limitava minhas idéias a respeito do resultado possível. O que me importava era uma solução que respeitasse os interesses manifestados pelos irmãos.

Ainda que haja luta, não devemos encará-la como tal; ainda que haja teimosia, não devemos encarar a situação como um campeonato de vontades; ainda que haja questões judiciais, não devemos encarar a situação como uma batalha jurídica; ainda que haja problemas de contabilidade, não devemos vê-los como problemas contábeis.

Pelo novo paradigma, o conflito é aceito como um exercício na esfera da solução criativa de problemas. Isso poupou aos dois irmãos os juízos de valor que geram disputas, encrencas e emoções. Arrastou-os para o terreno da criatividade. Eles obtiveram a solução porque seguiram o novo paradigma de solidariedade. Juntos, chegamos a uma região que nenhum profissional consultado jamais explorara, uma vez que não se achava ao alcance dos recursos de seu ofício.

Evite a Mentalidade do ou isto/ou aquilo

Liza e Kathy eram sócias numa empresa bem-sucedida de consultoria e treinamento. Após dez anos de sociedade, chegaram a um impasse. O problema: deveriam contratar mais consultores ou preservar as dimensões do negócio, selecionando projetos de maior qualidade?

Liza não tinha dúvidas de que o melhor seria escolher clientes de grande porte. Não queria dores de cabeça com empregados. Kathy pretendia admitir mais alguns consultores para ampliar atividades. Aquelas duas mulheres inteligentes e competentes estavam seguras de seus rumos. Cada qual estava certa quanto ao caminho a seguir — certa para ela própria. Essa, porém, não era a questão. A questão era o que deveriam fazer a bem do negócio e da sociedade.

Com o passar do tempo, Liza e Kathy começaram a desaprovar a atitude uma da outra. Ainda que gostassem do trabalho e dos clientes, estavam enchendo a cabeça com idéias de como manipular a situação em proveito próprio. A crise se manifestou quando Kathy descobriu que Liza recusara assessorar um grande fabricante de computadores; não era um bom negócio, segundo Liza. Kathy ficou furiosa com a decisão de Liza; Liza aborreceu-se com a raiva de Kathy. Liza agira bem — segundo Liza.

Depois de três dias sem produtividade e sem conversar com Liza, Kathy me telefonou. Perguntei-lhe o que desejava. Sua resposta foi típica: queria esquecer tudo e voltar ao trabalho. Liza disse o mesmo quando a consultei. O sofrimento era tão grande para ambas que o tipo de solução não importava tanto quanto a solução em si. Deixei que refletissem sobre o assunto durante o fim de semana e marquei um encontro para segunda-feira de manhã.

Na segunda-feira, perguntei-lhes se podiam encarar o fato de estarem ambas com a razão. Responderam que sim, contanto que pudessem voltar ao trabalho! Pedi-lhes que esboçassem a estrutura do negócio que queriam dirigir. Sugeri que trocassem idéias e me informassem sobre o modo como cada uma tencionava participar dos planos da outra. Depois, decidiram quais seriam suas funções. Indaguei se havia alguma razão pela qual não poderiam assumir o papel escolhido no plano da outra. Estavam contentes com suas funções. Ótimo, disse eu. Vocês conseguiram.

Qual era o plano delas? Kathy gerenciaria os novos consultores e Liza se encarregaria dos projetos maiores. As duas recuperaram a alegria, a produtividade e o senso de realização que tanto engrandeceram sua parceria. Nenhuma cedeu: o interesse das duas foi respeitado. Eis aí um bom exemplo de como, muitas vezes, adotamos a mentalidade do "ou/ou" — você ganha ou ganho eu. Vale lembrar que, se nos recusarmos a ver a outra pessoa como inimiga e buscarmos a criatividade, alcançaremos aquilo que desejamos. Reconhecer a abundância do mundo — primeiro princípio — ajuda muito.

Um Acordo Orgânico

Selena e Sérgio eram de famílias tradicionais. Selena devia ser professora e Sérgio cursaria uma faculdade. Para o observador eventual, aquela era uma união bastante conservadora. Afora os votos matrimoniais, eles só tinham um acordo: ficariam juntos enquanto isso fosse divertido.

O casamento durou dez anos. Eram pessoas realizadas, prósperas, tinham uma bela casa e muitos amigos. Então, veio-lhes a vontade de partir. Havia mais tédio e confinamento do que a alegria esperada. Decidiram separar-se. Mas quiseram preservar o relacionamento e o acordo nele contido: nada de advogados, nada de dramas, nada de amarguras. Continuariam a ser bons amigos, sempre prontos a ajudar-se.

Permitiram que sua amizade se desenvolvesse criativamente, baseada nas necessidades de cada um. Em vez de avaliar e julgar o parceiro, resolveram respeitar-lhe inteiramente o processo pessoal. Nenhum dos dois sabe aonde isso vai levar. A única certeza é que permanecerão em contato enquanto enfrentarem as ondas da mudança e da transição em suas respectivas vidas. Evitando medir o que acontece entre ambos segundo os padrões externos do que "deve" ser, permitem-se navegar livremente em águas não-mapeadas. Acreditar em nós mesmos o suficiente para pintar numa tela em branco constitui a essência da criatividade.

Resumo

Com base em seus conhecimentos técnicos, muitos profissionais e empresários se condicionam a pensar em termos de problemas e impasses. Os especialistas equacionam problemas de modo a satisfazer seus padrões profissionais do que é certo. Inúmeras pessoas cultivam um sistema de crenças segundo o qual o conflito e a discórdia são coisas más. Se você combinar a abordagem restritiva desses dois fenômenos com o medo das conseqüências do conflito, as chances de ficar paralisado se multiplicarão. Avançar para um campo mais vasto de criatividade melhora o potencial de resultados satisfatórios porque remove os entraves e amplia a esfera de soluções possíveis.

Reflexões

Evoque algumas das situações da sua vida que não foram solucionadas a contento. Reflita sobre a maneira como as encarou. Você poderia tê-las resolvido diferentemente se não estivesse limitado por crenças a respeito do que pensava ser certo ou errado? Agora, examine alguns conflitos atuais. Que soluções criativas serão possíveis se você remover os entraves do seu próprio pensamento? Comece hoje mesmo a aplicar suas idéias!

Capítulo 8

PRINCÍPIO 4

Incentive a Solução

Velho Paradigma	Novo Paradigma
Incentivar o Conflito	*Incentivar a Solução*

Se não quiseres ceder à cólera, não alimentes esse hábito: não lhe dês nada que a faça prosperar. De início, fica sereno e conta os dias em que não ficaste enraivecido: "Eu costumava encolerizar-me todos os dias, depois em dias alternados, depois a cada dois dias, depois a cada três dias". Se conseguires passar trinta dias sem cólera, sacrifica aos deuses em sinal de gratidão.

— *Epiteto*

Os sistemas tradicionais de solução de conflitos muitas vezes funcionam como gasolina atirada ao fogo. As chamas ficam mais quentes e mais altas. Embora existam situações em que a assistência de nosso aparato jurídico é essencial (ver Capítulo 24), muitas intervenções convencionais como petições, réplicas, moções, depoimentos e interrogatórios não passam de jogos "forenses" que poucos se podem permitir jogar. Os fatos seguintes geralmente acontecem quando você se envolve com os métodos convencionais de solução de conflitos:

1. Seu advogado "advoga" — redige petições e por aí além.
2. Seu conflito é classificado de modo a enquadrar-se numa teoria jurídica, afastando o inquérito do verdadeiro problema pessoal.
3. Seu advogado irá, provavelmente, aconselhá-lo a não conversar com as demais pessoas envolvidas.
4. O objetivo passa a ser a vitória, não a solução nem a preservação do relacionamento.
5. Nada se faz para minorar o seu sofrimento emocional e compensar a perda das esperanças que você depositou numa transação ou relacionamento.
6. A prática de cobrar honorários por tempo de serviços prestados torna-se um conflito de interesses que não motiva soluções.
7. Seu conflito se transforma no conflito do advogado. O egoísmo e a cobiça tomam o lugar da solução.
8. O processo esgota você. As normas técnicas do "jogo jurídico" podem eliminar fatos importantes e impedir investigações necessárias.
9. Podem passar-se anos antes que você compareça perante o juiz. E, quando isso acontece, ele propõe conciliação. Os juízes preferem causas inéditas, de grande repercussão. E talvez você tope com um juiz inexperiente.
10. Encontrar a verdade não é fácil. A justiça pode ser um lance de dados; não se encontra nos tribunais.
11. "Liquidar" o caso é mais importante que solucioná-lo bem — isto é, atender aos verdadeiros interesses.

Todos esses aspectos do sistema vigente de solução de conflitos podem piorá-los.

Incentive a Solução com Colaboração

Pelo novo paradigma, a obtenção de acordos e o equacionamento de divergências ocorrem num contexto de solução. A norma são sistemas criativos e solidários de chegar a acordos e solucionar conflitos. Obter um acordo já não é uma negociação entre adversários. O que se negocia é a maneira de alcançar uma visão conjunta do resultado pretendido. No acordo, está embutida a possibilidade de desacordo. Lidar com os desacordos constitui uma oportunidade para aprofundar o acordo, não para rompê-lo. Todos estamos no interior do mesmo círculo, lado a lado, perguntando-nos como cuidar melhor de nossos interesses comuns enquanto, juntos, visualizamos o futuro que queremos.

Os dois irmãos optaram pelo paradigma que favorece a solução. Esse paradigma contrariava a orientação proposta pelos advogados. Ambos tinham sido aconselhados a não mais se falarem — pois o caminho para a solução era a batalha judicial. Isso tornou as coisas piores do que deveriam ser.

Os irmãos, porém, recorreram a um processo que dissipava o conflito e agilizava a solução. Cada qual contou a sua história e ouviu a história do outro, ficando assim ciente do que se passava na cabeça dele. Isso trouxe alívio e catarse. Depois, empenharam-se num processo de "completude": tudo o que era necessário dizer para se chegar ao âmago do conflito foi comunicado, o que lhes permitiu lamentar o fracasso das esperanças depositadas no negócio da família. Já agora podiam avançar. Esclarecer cada aspecto do conflito é essencial. Entretanto, se não houvessem conversado um com o outro, nada restaria de sua empresa. O silêncio não incentiva a solução.

Muitos advogados vivem à larga graças aos sistemas convencionais de solucionar conflitos. Vez por outra, prestam serviços inestimáveis. Mas, na maioria das situações, há um caminho melhor. Sempre que um novo juiz é nomeado, digo para mim mesmo: "Quatro mediadores conseguiriam resolver um número bem maior de casos". Felizmente, minha voz não é a única a clamar por reformas.

Resumo

A prática vigente costuma tornar as coisas piores ao atiçar o fogo do conflito. Pelo novo paradigma, o importante é tomar atitudes que anulem o conflito e levem à solução sem agravar os problemas.

Reflexões

Se você alguma vez enfrentou um litígio judicial, reserve alguns minutos para anotar como foi o processo e o que sentiu na ocasião. Caso não tenha tido essa experiência, procure alguém que já a teve e pergunte-lhe como as coisas se passaram. Mais especificamente, indague até que ponto o processo afetou o conflito em termos de intensidade, duração, grau de confiança, capacidade de trabalho conjunto e estado emocional. Pergunte se a pessoa ficou satisfeita com o resultado e se o caso foi efetivamente resolvido.

Capítulo 9

PRINCÍPIO 5
Torne-se Vulnerável

Velho Paradigma	**Novo Paradigma**
Bravata e Pose	*Vulnerabilidade*

Exponha-se
Preste Atenção
Conte a Sua Verdade
Não se Preocupe com os Resultados
— The Four Fold Way, *Angelis Arrien, Ph.D.*[8]

Segundo o paradigma aceito, as pessoas em conflito fazem pose. Jogam seu jogo. A questão é mais ter razão do que mostrar-se eficiente. A vitória tornou-se o valor maior. Ninguém ganha pontos por ser ingênuo!

Muitos de nossos modelos de comportamento vêm da televisão. *Dallas*, *L. A. Law*, *Perry Mason* e o julgamento de O. J. Simpson são exemplos. As bravatas a que assistimos, e que muitas vezes imitamos, parecem ótimas, mas não levam a resultados. A ameaça "Vejo você no tribunal" pode soar grandiosa no momento porque vimos o herói lançá-la na televisão — mas talvez seja como cair na toca do coelho em companhia de Alice. Na hora, precisamos fazer alguma coisa para salvar a honra, mostrar-nos frios ou bancar o machão numa situação constrangedora. Temos de fazer o possível para "nos impor". E muitas vezes acabamos em maus lençóis por causa do que perpetramos em tom de valentia.

Reprograme-se para Ser Vulnerável

As pessoas muitas vezes bravateiam porque não vêem outra opção. A vulnerabilidade mansa, bem como a honestidade e o desprendimento a ela ligados, não vendem filmes, livros ou programas de televisão. Poucos são os modelos visíveis para esse comportamento. Todavia, em meus seminários pelo país afora, as qualidades que os participantes mencionam consistentemente como admiráveis são a honestidade, a capacidade de ouvir, a autenticidade, o altruísmo e o respeito aos pontos de vista alheios.

Devido às pressões em contrário, ser vulnerável não é coisa das mais aceitáveis. Ora, a vulnerabilidade é um jeito fácil e natural de ser. Ser vulnerável não é ser fraco, mas assumir o verdadeiro eu. Superar a resistência inicial é um desafio; mas, vencido o desafio, a vulnerabilidade é o comportamento mais fácil de adotar.

O que entendo por *vulnerabilidade* foi resumido, no início deste capítulo pelo Dr. Arrien, como as quatro orientações para qualquer tipo de convivência. Estamos totalmente presentes, mas sem nenhuma ação, história ou ângulo. Contamos a nossa verdade sem que a conseqüência deva estar determinada. Essa é uma boa maneira de permanecer centrados e isentos do apego emocional capaz de nos causar problemas. Não há ação nem esquemas: somos simplesmente nós mesmos. A facilidade se deve a que não nos preocupamos em ser coerentes com um "ato" ou ação anterior; não precisamos nos imitar nem fingir. Apenas nos expomos e contamos a nossa verdade.

No começo, os dois irmãos não se sentaram à mesa com um espírito de vulnerabilidade franca. Mas o processo de solução que escolheram levou-os a uma posição de vulnerabilidade aonde não esperavam chegar. Para a solução, era imprescindível tocar as áreas de vulnerabilidade que cercavam seu relacionamento como irmãos. É muito conhecido o fenômeno psicológico segundo o qual, antes de vencer um trauma, é preciso lamentar a perda. No entanto, isso só acontece quando se assume uma postura de vulnerabilidade. O método tradicional jamais conduzirá você à vulnerabilidade, pois exige bravatas e poses. Os dois irmãos meteram-se nesse caminho porque, a seu ver, era a única opção. Mas descobriram um caminho melhor.

Aceite a Vulnerabilidade

Maria e Scott estavam convencidos de que, após anos de buscas, haviam encontrado o parceiro de seus sonhos. Elaboraram um acordo explícito para todas as esferas de sua vida. Esse documento meticuloso punha em palavras o que esperavam do futuro.

O traço mais característico desse acordo era a ausência de uma cláusula de rompimento. Uma vez que ambos já haviam padecido as dores de relacionamentos desfeitos, queriam minimizar esse risco. Porém, no auge da paixão, das juras e das esperanças, o que criaram foi um contrato de casamento. Aqueles espíritos livres edificaram para si mesmos uma prisão. Devido à sua integridade e à força de seu compromisso, tentaram viver segundo o acordo. Mas, apesar dessas excelentes intenções, estavam vivendo muito mal, tanto mais que eram sócios numa empresa.

Abriram-se para os níveis mais profundos de vulnerabilidade recorrendo a terapeutas, conselheiros, consultores e outros profissionais bem-intencionados, a fim de consolidar seu relacionamento. Depois de cinco anos, resolveram renegociar o acordo, apesar de suas promessas "gravadas em pedra". Decidiram separar sua vida pessoal e profissional. A renúncia foi tão intensa quanto a alegria da união. Aprenderam a sabedoria da qualidade orgânica de todo relacionamento. Não tinham assuntos pendentes nem fardos emocionais. Sua vulnerabilidade não deixou nada por dizer.

Em virtude dos modelos de comportamento que prevalecem em nossa cultura, gerações se sucederão até que modifiquemos nossas atitudes com respeito à humildade e à vulnerabilidade. As pessoas não costumam abrir-se umas com as outras. A arrogância e a agressividade são pobres substitutos da comunhão da verdade. O processo seguinte é uma ótima maneira de ajudar as pessoas a aceitar sua própria vulnerabilidade.

O Círculo da Verdade

O Círculo da Verdade é um processo que gera comunicação honesta, ingrediente fundamental da vulnerabilidade. Tem-se revelado muito eficaz na montagem de equipes de trabalho e no convívio familiar. Utiliza o "bastão da palavra", artefato que confere a quem o empunha o direito de falar enquanto os outros escutam. Um grupo se senta em círculo e um tópico é escolhido para que sobre ele se diga a verdade. O bastão da palavra é passado à volta três vezes. A princípio, os participantes se sentem pouco à vontade, mas, no decorrer do processo, vão emergindo as verdades de cada um. É ótimo proporcionar às pessoas a experiência da vulnerabilidade. A prática se torna necessária porque, dado o nosso condicionamento cultural, ser vulnerável agride a nossa intuição.

Resumo

Poses e bravatas não levam à solução. Mantêm-nos distantes das preocupações reais que precisam ser enfrentadas. Mas fomos programados por modelos de comportamento culturais. Temos de aprender, pela prática, a força e a simplicidade da vulnerabilidade autêntica.

Reflexões

Lembre-se de uma ocasião em que você fez poses. Isso ajudou a resolver a situação? Se você se expusesse mais, a situação teria tido outro desfecho? O resultado seria mais a seu gosto? Enfrenta atualmente uma situação em que possa mostrar mais vulnerabilidade? Poderão as coisas ser diferentes se agir assim?

Capítulo 10

PRINCÍPIO 6

Conquiste Colaborações Duradouras

Velho Paradigma	Novo Paradigma
Adversários de Curto Prazo	*Colaborações de Longo Prazo*

O homem que consegue os resultados mais satisfatórios nem sempre é aquele que tem o espírito individual mais brilhante, mas aquele que sabe coordenar os cérebros e talentos de seus associados.

— *W. Alton Jones*

Fomos condicionados a pensar em termos de horizontes curtos, de vitórias imediatas. Vemos apenas o balanço do semestre, não o do ano — e muito menos o dos próximos anos ou décadas.

Freqüentemente, o medo é o que nos conduz. E se o nosso estado emocional dominante é o medo, toda situação pode tornar-se adversa. O medo bloqueia a verdade. Quando tememos, os outros se tornam adversários a quem desejamos vencer e subjugar. Eles são o inimigo. O pior aspecto desse paradigma é que ele, automática e inconscientemente, atua entre pessoas que querem colaborar.

A Cultura do Agora

Adotamos inocentemente essa mentalidade hostil e de curto prazo. Fomos influenciados pela era do individualismo, do conquistador solitário do

Oeste, do Homem de Marlboro, da gratificação imediata, do "aqui e agora", da "minha" geração! Não admira que a noção de equipe, colaboração e organização virtual esteja tumultuando muitas empresas. Pedimos reformas amplas na maneira de ver as pessoas enquanto nossa programação pessoal nos induz a ser o valentão, o chefão, o vitorioso — e já! Precisamos, isso sim, de paciência para trabalhar em grupo, mas não fomos condicionados a agir assim.

A necessidade de vencer está profundamente enraizada na nossa psique nacional. *Vitória* é sinônimo de sucesso. Infelizmente, isso implica também uma *derrota* correspondente. Ainda que a expressão *vencer-vencer* seja usada em muitas oportunidades, quase sempre pensamos que "para eu vencer você precisa perder". E embora se fale a torto e a direito em vencer-vencer nas empresas, a idéia de que todos devem vencer ainda não constitui um princípio operacional plenamente aceito. Pronunciamos as palavras, mas nossos corpos não acreditam nelas ou não as entendem em profundidade. Essa é uma poderosa fonte de conflito interior, de sorte que a confusão empurra as pessoas para direções opostas.

A Nova Cultura da Colaboração

Represento o novo paradigma como duas pessoas contemplando, lado a lado, uma situação de conflito potencial. Pelo paradigma antigo, elas se postariam cara a cara, confrontando-se. Pelo novo, observam juntas a situação, imaginando como *ambas* enfrentarão o desafio. Consideram-se colaboradores, co-criadores a esboçar de comum acordo o resultado mais favorável. Mantêm um relacionamento, aumentando e aprofundando a confiança à medida que a colaboração avança, forjada e temperada pelos desafios do conflito e da divergência.

As duas sabem que, seja lá o que for, querem a mesma coisa de uma perspectiva mais ampla: um relacionamento ou empreendimento bem-sucedido, norteado por um processo de solução que respeite a ambas. Procuram juntas o vaso suficientemente grande para conter e satisfazer todas as preocupações que uma e outra possam alimentar na situação. Encaram as tarefas, por mais difíceis que sejam, com um mínimo de tensão e emoção, mas com o conhecimento flexível de que vão enfrentar o desafio sem perder de vista o impacto a longo prazo sobre todos os investidores, inclusive elas mesmas. O impacto a longo prazo é crucial. Independentemente da situação, essas pessoas não vêem seu relacionamento como de curto prazo ou imediatista. Seu horizonte é mais vasto. Buscam colaborações duradouras nas mais diversas circunstâncias.

A Comunidade Jurídica

Depois de atuar na procuradoria-geral de Nova Jersey, entrei para um escritório de advocacia numa cidadezinha daquele Estado. Isso aconteceu no início da década de 1970, pouco antes da proliferação explosiva dos advogados. Tive de aceitar que meu adversário numa causa, hoje, pode ser meu aliado em outra, amanhã. Como a comunidade jurídica era pequena, assumir uma perspectiva de curto prazo seria prejudicial para mim. Isso encorajava a civilidade. Alguns anos depois, mudei-me para Manhattan. Uma vez que, ali, era grande o número de advogados, muitos tinham vistas curtas: presumiam que jamais se encontrariam novamente com os adversários. Não me adaptei a isso porque significava que ninguém era digno de confiança.

Uma perspectiva de curto prazo viola os padrões de ética e coleguismo. Sentir-se bem e saudável exige visão mais ampla. O relacionamento que você tem consigo mesmo é duradouro. Como diz John Kabat-Zinn, "Aonde você for, lá estará".[9] A visão ampla requer uma mentalidade segundo a qual você continuará trabalhando com essa pessoa anos a fio. Faça crer que mora na mesma cidadezinha. Cada vez mais, em conseqüência da tecnologia, isso acontece: chama-se *aldeia global*. Dê-se conta de que não precisará atravessar a rua quando alguém caminhar em sua direção, ou quando avistar determinada pessoa num supermercado ou numa reunião.

Colegas

A indústria aeroespacial onde Raj e Ted eram engenheiros estava sendo transformada num ambiente de trabalho em equipe. Os dois se conheciam há três anos. Nunca haviam trocado senão ligeiros cumprimentos, pois nutriam animosidade um para com o outro. Nenhum sabia por que, mas não ignorava que a antipatia era mútua. Eis que agora se encontravam na mesma equipe, obrigados a trabalhar juntos.

Por seis semanas, reprimiram a tensão enquanto a equipe se organizava. Em seguida, viram-se envolvidos no mesmo projeto, encarregados de produzir, juntos, o desenho de uma peça importante de motor. Ambos foram queixar-se às esposas e ao chefe da equipe. As esposas apenas escutaram. O chefe disse que saber trabalhar em equipe é ser um bom colega, especialmente quando se detesta o outro. Não fez nenhum dos dois sentir-se melhor nem resolveu o problema.

À medida que trabalhavam juntos e se observavam, o respeito crescia, aos poucos no começo, depois intensamente. Passaram a reconhecer a competência um do outro. Quando se sentiram mais à vontade, descobriram interesses comuns, inclusive um senso de humor muito parecido. Tornaram-se a espinha dorsal da equipe, orientando os demais rumo a níveis superiores de produtividade e satisfação. Como engenheiros, perceberam que a repulsão se transformava em atração. Estavam ultrapassando a reação emocional e atingindo um ponto de compreensão mais profunda. Chegaram a isso porque: (1) não tinham outra escolha a não ser trabalhar juntos; (2) o chefe aconselhou-os a observar e suspender seus julgamentos e reações emocionais; e (3) tinham de levar em consideração um horizonte de longo prazo.

O Contrato de Casamento

Depois de um namoro tradicional, Lee decidiu que queria mesmo casar-se com Kyung. Embora o amasse, Kyung estava preocupada. Tivera uma infância muito instável. Devido a tudo o que acontecera, uma condição para desposar Lee era que não tivessem filhos. Essa era sua posição final: fim da história, nada de discussões, assunto encerrado. Lee concordou e casaram-se.

Sete anos depois Lee, um tanto apreensivo, declarou à esposa que queria ter filhos. Pediu que Kyung reconsiderasse a decisão tomada antes do casamento. Foi hábil ao esboçar a situação: não censurou Kyung pela decisão tomada nem fez exigências. Ao contrário, pediu que ela reconsiderasse uma atitude que, na época, fora a melhor.

Em vez de teimar, chamar seu advogado ou simplesmente dizer "não", Kyung concordou em pensar no assunto. Isso não era nada fácil, considerando-se seu passado, mas a verdade é que tinha havido diversas mudanças em sua vida. Kyung e Lee haviam firmado suas carreiras profissionais. Conseqüentemente, Kyung adquirira solidez interior, o que não ocorrera em sua infância. Ainda que o casamento fracassasse, ela poderia sustentar-se e ao filho. As circunstâncias em que fora criada já não existiam. A razão para não ter filhos deixara de ser um problema. Em vez de aferrar-se à sua "posição", Kyung estava disposta a reexaminar a escolha que fizera.

Passaram-se vinte anos. Kyung está muito contente com a mudança de atitude. Embora o casamento tenha terminado, os filhos são a alegria de sua vida. Sente-se feliz com a nova escolha. Os melhores acordos são orgânicos: crescem com o tempo.

Amizade

A amizade é um exemplo clássico do princípio do "longo prazo". Todo relacionamento valioso passa por ciclos. Uma amiga disse certa vez: "Admiro de fato os corredores de longa distância". Ela comentava a capacidade de superar os sérios desentendimentos que inevitavelmente surgem na amizade. Isso faz parte do processo quando se tem um horizonte de longo prazo.

Seria mais fácil se conseguíssemos transcender nossas emoções em meio aos desentendimentos. Mas se você já experimentou a alegria de associações duradouras, sabe que no final as tribulações parecem insignificantes perto da riqueza que a amizade traz.

Uma Perspectiva Maior

Nossa viagem e mobilidade, como cultura, contribuem para a ansiedade e a sensação de isolamento. Essa sensação perpetua a facilidade com que repelimos os outros. Quando vivíamos em aldeias, tínhamos de superar o conflito e passar para o outro lado. Não havia para onde fugir. Acho que é importante recuperar o contexto em que era necessário conviver duradouramente com as pessoas. Temos de aprender a agir com relação ao próximo.

Os dois irmãos comunicaram sua perspectiva de vida maior. Embora não a assumissem integralmente no princípio, compreenderam que ela era importante. À medida que o processo se desenvolvia, passaram a apreciar a perspectiva de longo prazo. Dado que ninguém se preocupa com as conseqüências quando assume uma perspectiva de curto prazo, as coisas ficam distorcidas. Já o senso de continuidade faz com que a maioria das pessoas se sinta bem. A riqueza, a profundidade e a capacidade de produzir resultados de longo prazo são fruto de associações cíclicas. É importante que as pessoas reflitam sobre isso quando enfrentam uma dificuldade passageira. Essa perspectiva nos ajuda a obter o que realmente queremos: relacionamentos sólidos e duradouros.

Resumo

Você pode agir de uma perspectiva de curto ou longo prazo. Se pensar e atuar como se a colaboração devesse ser de longo prazo, sentir-se-á bem com respeito a você mesmo e ao relacionamento. Não sabemos nunca quando o relacionamento assumirá importância duradoura ou quando teremos de encarar um vizinho. Lembre-se: todos vivemos numa aldeia global!

Reflexões

Lembre-se de uma situação em que alguém tirou vantagem de você ou você tirou vantagem de alguém. Como se sentiu? Que emoções são geradas em situação semelhante? Hoje você agiria de modo diverso? Conseguirá agir de modo diverso no futuro? Trataria seu vizinho da mesma maneira? Por que não?

Capítulo 11

PRINCÍPIO 7
Confie nos Seus Sentimentos e Intuição

Velho Paradigma	Novo Paradigma
Lógica	*Sentimentos e Intuição*

Quando tratar com pessoas, lembre-se de que elas não são criaturas de lógica, mas criaturas de emoção, limitadas por preconceitos e motivadas por orgulho e vaidade.
— Dale Carnegie

Embora as atitudes estejam mudando, pelo paradigma vigente a maioria das pessoas ainda acha que o mundo se comporta segundo a lógica. Aristóteles e Newton ficariam orgulhosos ao ver que seguimos seus preceitos cognitivos básicos sobre o funcionamento do universo. Tudo se encaixa numa categoria: A junta-se a B, e as conseqüências são previsíveis.

Além dos Cinco Sentidos

Com base nas minhas observações sobre o que se tem escrito e sobre o que as instituições "tradicionais" estão promovendo (as formas alternativas e orientais da medicina são um bom exemplo), creio que talvez estejamos prestes a adotar um novo padrão. O paradigma existente do "método científico" chegou ao fim. Nessa aldeia global, enfrentamos desafios tão complicados que novos modelos teóricos de solução e resolução se tornaram necessários.

Um belo exemplo desse tipo de pesquisa é o *best-seller* de Margaret Wheatley — empresária, consultora e professora —[10], intitulado *Liderança e a Nova Ciência* [publicado pela Ed. Cultrix]. A Dra. Wheatley observou que muitos dos princípios fundamentais de nossas organizações e instituições radicam-se na lógica newtoniana. Segundo essa lógica, o mundo se caracteriza pelo "materialismo e o reducionismo — ênfase em tudo, menos nos relacionamentos". A lógica newtoniana encabeçava o pensamento dominante na época em que os princípios fundamentais foram adotados.

A fim de descobrir qual seja o pensamento dominante hoje, a Dra. Wheatley resolveu explorar os atuais desenvolvimentos científicos em diversas disciplinas. Ela descobriu que, em todas as ciências naturais, os paradigmas atualmente aceitos foram além Newton. Os pressupostos fundamentais que moldaram nossas instituições e organizações foram superados. O *caos* passou a ser, em geral, o princípio operativo. Uma vez que a teoria científica sempre permaneceu firme como a base da teoria organizacional, talvez seja tempo de adaptar nossas organizações e instituições ao "pensamento científico" corrente.

Segundo o velho paradigma e em consonância com o pensamento científico anterior, encarávamos os fatos e as evidências à luz dos cinco sentidos físicos: visão, audição, tato, olfato e paladar. Hoje, sabemos que há muitos mais. Pelo novo paradigma, podemos tomar em consideração o sentimento, a emoção e a intuição.

Ilustra essa mudança o fato de muitos departamentos de polícia utilizarem sensitivos para solucionar casos difíceis ou encontrar pessoas desaparecidas. Nancy Reagan consultando astrólogos na Casa Branca e Hillary Clinton ouvindo Jean Houston, célebre guru *New Age*, constituem bons exemplos do novo pensamento paradigmático. Recentemente, um jornal especializado em mediação utilizou num artigo a metáfora do mediador como "prestidigitador", contra a noção geralmente aceita do mediador como "profissional" que sempre segue teorias operacionais coerentes e padronizadas. A palavra *prestidigitador* não foi usada em sentido pejorativo, mas para indicar o amplo espectro de opções.[11]

Em áreas antes tidas como fundamentadas somente no mundo da lógica, hoje se permite que um espectro maior de "humanidade" seja reconhecido como funcional e importante. Isso se aplica à solução de conflitos de duas maneiras cruciais:

1. Podemos confiar nos sentimentos e na intuição para chegar a soluções.
2. Podemos utilizar os sentimentos e a intuição como fator determinante para a solução.

Recordo que a palavra "blasfêmia" me veio à cabeça quando comecei a dizer a meus clientes que seus acordos escritos não eram tão importantes quanto seus sentimentos de confiança em outra pessoa. Embora minha profissão se enraizasse na tradição dos documentos escritos, para mim a confiança valia mais que um contrato rígido. No modelo de solução da Parte IV, discuto o "fenômeno" do acordo. Trata-se da aceitação sincera de que um acordo existe depois que duas ou mais pessoas entraram no "processo" de discutir os elementos essenciais desse acordo. Você pode dizer as palavras certas, tudo pode parecer correto, mas ainda assim não será um acordo porque falta algo no nível íntimo. Não é, pois, uma aliança.

Quando trabalho com relacionamentos pessoais íntimos — executivos, parceiros, negócios familiares, divórcios — só abordo questões de dinheiro e propriedade depois que os clientes passam pelo processo de completude do modelo de solução de conflitos, pelo qual são levados a encarar os difíceis aspectos emocionais das rupturas em suas relações de trabalho. Sei que o sofrimento emocional é a causa real da dificuldade. Antes de sofrer, ninguém supera o conflito. Quando iniciamos um empreendimento, as manifestações mais importantes são os "medos e preocupações" com respeito à transação. Trazê-los à tona e enfrentá-los são a chave para elaborar um pacto duradouro.

No caso dos dois irmãos, as emoções eram muito fortes. A menos que fosse promovido o alívio emocional, nenhuma chance de solução eficiente seria possível. Eles continuariam, como freqüentemente acontece, a expressar suas reações inconscientes e suas emoções caladas. Temos de aprender a reconhecer a presença dessas emoções fortes e permitir que venham à tona. Sem expressão não há solução.

Confiança nos Sócios

Carol e Steven estavam contentes com a perspectiva de trabalhar juntos. Haviam sido "criados", como instrutores profissionais, na mesma empresa de alta tecnologia do Vale do Silício. Admiravam-se e respeitavam-se mutuamente. Cada qual havia dirigido seu próprio negócio por cerca de quatro anos. Ambos estavam cansados de trabalhar sozinhos. Encontrando-se numa reunião, conversaram longamente.

Falaram das desvantagens de se trabalhar sozinho e da responsabilidade de carregar tudo nos ombros. Eles faziam a mesma coisa: treinamento de novos usuários de *software* de administração. Se juntassem forças, as economias de escala seriam substanciais.

Sem demora e com grande euforia, decidiram ser sócios. O acordo de sociedade consistiu num aperto de mão e na decisão de abordar os detalhes à medida que fossem surgindo. Em meio a altos e baixos, divergências e anuências, aprenderam a resolver as coisas ouvindo e aceitando propostas diferentes. A sociedade dura há cinco anos, sem nenhum contrato formal e explícito. Carol e Steven atribuem o sucesso ao respeito, confiança e gratidão que sentem por seu trabalho, bem como ao prazer da colaboração.

Mostram a alegria de pintar numa tela em branco toda vez que tomam decisões. Foi-lhes sugerido que fizessem um acordo formal de sociedade. Até agora evitaram isso. Resistem à idéia porque as coisas vão indo muitíssimo bem. O artista que existe em mim entende a situação. Quando tudo caminha pelo melhor, deixemos como está — e aproveitemos!

Acho que somos todos criaturas emocionais. Já não acredito em pessoas que se dizem objetivas. Somos todos subjetivos. O desafio é conhecer nossa tendência e inseri-la na equação.

Resumo

Ao tratar com pessoas, equacione suas emoções, porque elas estão presentes em todas as circunstâncias. O não-linear e não-racional vem sendo aceito em setores cada vez mais numerosos.

Reflexões

Examine os aspectos de sua vida que não se pautam pela lógica pura nem pela análise racional. Esses sistemas perceptivos têm algum valor para você? São importantes? De que maneira?

Capítulo 12

PRINCÍPIO 8
Libere Informações e Sentimentos

Velho Paradigma	**Novo Paradigma**
Controle de Informação	*Abertura Total*

Se não há nada de valioso a esconder, o segredo despertará merecida desconfiança sem propiciar nenhum benefício.
— *Edward DeBono*[12]

Pelo paradigma vigente, informação é tudo. Quem a tem pode sonegá-la, utilizá-la, manipulá-la. O sigilo — que propicia acesso limitado ou bloqueio de informação — é um modo aceitável de conduzir negócios. No entanto, esse jogo de esconde-esconde dilui a capacidade de alcançar soluções.

A Matéria-prima da Solução

Quando surge a discórdia, o fluxo de informação se estanca. As pessoas deixam de conversar. Documentos só são liberados a pedido. Isso é uma desgraça. O conflito e a discórdia são o indício claro de que mais informações, e não menos, precisam ser trocadas. Informação e debate, idéias e fatos compartilhados constituem a matéria-prima da qual emerge a solução. O estancamento do fluxo de informação gera conflitos, delongas e falta de consenso quanto aos resultados.

Um excelente paralelo nos vem do mundo dos negócios. Tradicionalmente, a "administração" se apóia na informação — estratégica, de concorrência e, sobretudo, financeira. Há poucos anos, uma empresa, chamada Springfield Remanufacturing, começou a enfrentar sérios problemas. O conselho de administração resolveu ser franco com os empregados: todos ficaram sabendo que, se a empresa não se safasse das dificuldades, o desfecho certo seria a falência. Os empregados responderam com criatividade. Suas inovações não só mantiveram a empresa longe da bancarrota como a transformaram num negócio competitivo e altamente rendoso. Tudo se deveu a que a administração transmitira aos empregados a informação necessária para resolver os problemas do momento. Eles agora a chamam de "administração de livro aberto".[13]

Se vocês são *joint venturers* trabalhando num novo projeto e tendo cada qual informação privilegiada, talvez hesitem em compartilhá-la. Isso, porém, irá impedi-los de alcançar o objetivo principal. Se, por exemplo, vocês são duas empresas farmacêuticas diferentes em busca de uma solução para a Aids, hesitar em partilhar informação já obtida comprometerá o alvo maior: encontrar a cura. Sob o novo paradigma, vocês dividiriam imediatamente a informação. Talvez seja necessário estabelecer, antes, o montante dos lucros e recompensas, mas reconhecendo que a abertura é essencial para alcançar o objetivo.

Limpe a Estrada

Um colega falou-me, há pouco, sobre a situação que o inspirou a devotar todo o seu tempo à solução de conflitos. Sem a plena abertura, o caso nunca teria sido resolvido. Meu colega foi instado a fazer uma última tentativa para implementar um projeto rodoviário emperrado. Fazia parte do sistema rodoviário interestadual, iniciado na década de 1950. O trecho em questão era a rota norte-sul, que passava por um grande centro metropolitano. O trecho leste-oeste estava pronto e em funcionamento, como também o anel em torno da cidade. A rota norte-sul, entretanto, parara no centro da cidade. O projeto, iniciado em 1957, foi interrompido em 1973. Se meu colega fracassasse, esse projeto seria abandonado. Na época em que ele foi chamado, um exército de advogados criara uma sarabanda de litígios, com documentos suficientes para encher uma sala de tribunal. Os acionistas eram:

O Governo dos Estados Unidos

O Departamento de Transportes Americano

A Agência de Proteção Ambiental Americana

O Departamento de Energia Americano

O Governo Estadual

O Departamento de Rodovias Americano

A Agência de Proteção Ambiental Estadual

Três administrações de condado

Três governos municipais

Um grupo de 400 proprietários

Uma associação de moradores

Uma sociedade de preservação da história

O Sierra Club

Nove contratantes

Quatro entidades municipais

O nível de hostilidade era muito alto. As posições haviam endurecido depois de vinte anos de litígio impessoal. Em casos assim, os indivíduos perdem sua identidade como pessoas. Tornam-se inimigos sem rosto, com etiquetas: acusadores, acusados, ambientalistas sentimentais ou empresários desalmados. No caso em questão, advogados estaduais chegaram a ser contratados para combater as autoridades federais de Washington.

Calcule agora alguns dos custos do conflito:

Custos diretos do litígio — advogados e peritos.

Produtividade perdida — tempo gasto pelas pessoas no conflito.

Tráfego demorado na estrada para veículos comerciais e de passeio.

Custo de produtividade negativa para todos os envolvidos.

Custo emocional.

Perda de comunidade.

O primeiro ato do meu colega foi marcar uma reunião com regras bem-definidas de participação. Todas as histórias seriam ouvidas — para que todos expressassem seus sentimentos, preocupações e expectativas. A regra básica era a abertura.

No segundo encontro, seriam apresentadas as propostas de cada acionista sobre o modo como trataria as preocupações expressas por cada um dos outros grupos. Chama-se a isso "vestir a camisa do outro".

No terceiro encontro, pedir-se-ia que os acionistas fizessem o papel de seus "inimigos". Então as partes sem nome e sem rosto começariam a tornar-se reais, com preocupações e interesses legítimos.

Como era de prever, por ocasião do quarto encontro já se manifestava o desejo de levar em conta os outros acionistas. Isso permitiu chegar a um consenso em torno dos pontos principais. A alegria passou a imperar na sala de reunião. Cada um percebia que todos poderiam, finalmente, regressar ao negócio concreto de suas vidas: a produtividade de seu verdadeiro trabalho, fonte de realização pessoal.

Nesse caso, a plena abertura proporcionou a base sobre a qual trabalhar. Enquanto todas as cartas não estão na mesa, ninguém consegue visualizar a situação geral. A história mostra também que a solução envolve a quebra de um hábito antigo: em vez de assegurar que nossas preocupações sejam consideradas em primeiro lugar, a solução incorpora as preocupações de todos. Devemos escutar, compreender, respeitar as preocupações dos outros. Reconhecer as necessidades alheias faz com que tenhamos o que queremos; legitimar as preocupações dos outros gera condições para que eles se interessem por nossas preocupações. Isso é parte essencial do alicerce sobre o qual construímos a solução.

Depois de legitimadas, as preocupações "deles" tornam-se nossas; e, uma vez que são as preocupações da situação, a solução logo se segue. Isso acontece porque ali estão pessoas ocupadas de pessoas, não pessoas aferradas a uma posição ou ansiosas por alguma coisa. Ocupar-se dos outros é natural nos seres humanos.

O que solucionou o caso dos dois irmãos foi a discussão franca daquilo que cada um desejava fazer. A plena abertura é a pedra fundamental sobre que se constrói a solução. Os passos do modelo levam as pessoas a conversar.

Resumo

A informação é a matéria-prima que leva à solução. Guardar informação só leva à desconfiança e ao agravamento do conflito. A plena abertura constitui prova de um esforço bem-intencionado para buscar conjuntamente a solução.

Reflexões

O sigilo e a sonegação de informação já ajudaram você a obter o que desejava a longo prazo? Reflita sobre uma situação na qual se acha envolvido. Pare de compartilhar informação e veja o que acontece.

Capítulo 13

PRINCÍPIO 9

Aprenda pelo Processo da Solução

Velho Paradigma	Novo Paradigma
Vencer	*Aprender*

Você tem paciência de esperar que a lama assente e a água clareie? Consegue permanecer imóvel, até que a ação correta se apresente por si mesma?
— *Lao Tsé*

Quando você está empenhado em vencer, talvez não queira tomar conhecimento das preocupações dos outros. Seu objetivo é convencê-los de que está certo, não importa em quê.

Ouvir e Aprender

O processo de juntar-se para resolver um conflito, bem como assumir um compromisso e a atitude necessária de solução, é um exercício de aprendizado em grupo. Aprender é uma boa maneira de livrar-se de idéias egoístas de vencer, estar certo, criticar ou fazer tudo do modo "correto". O aprendizado favorece a mentalidade da descoberta, facultando a você o luxo de "não saber" as respostas ou o caminho específico que irá tomar. Esse processo permite que você descubra, explore e aprenda com os outros a melhor solução. À medida que o processo se desenvolve, uns educam os outros quanto à sua própria situação, aprendendo o que é necessário para captar o quadro geral.

Imagine um grupo que se associa com uma série de resultados desejados em mente. Cada qual traz informações essenciais. Ninguém sabe a resposta. Mantendo o diálogo aberto, o grupo chega a um acordo em princípio. Por exemplo, numa disputa, os sócios desejam uma solução justa para que todos possam voltar ao trabalho. Graças a um diálogo franco, durante o qual aprendemos sobre as preocupações dos outros, conseguimos visualizar a solução eficiente. O mesmo se aplica a cônjuges, consumidores lesados e mesmo grevistas. A perspectiva de "aprendizado" é o componente mais importante da criação de valores e oportunidades em situações que a vida apresenta. Os "solucionadores" não conhecem as respostas, mas sabem que, quanto mais adiarem o conhecimento, mais abrangente e criativa a solução será. Pois, até sabermos, continuamos ouvindo e aprendendo.

Escutar os outros e prestar atenção à própria sensibilidade nos capacita a "atinar com o caminho" sem saber qual será o resultado. Devido à confiança requerida, sinto-me honrado quando as pessoas me pedem para ajudá-las. É essencial aprender a confiar em nossas respostas. Você não deve procurar a solução mais rápida em situações que não estejam muito claras, pois terá de refazer seus passos. Tenha a coragem de conviver com sua incerteza até que as nuvens se desvaneçam e a luz se faça.

No caso dos dois irmãos, ninguém sabia aonde as coisas iam chegar. Nós nos educamos uns aos outros nos processos que envolviam necessidades e preocupações. Por fim, aprendemos aquilo de que precisávamos para esboçar uma solução satisfatória. Quando esboçamos uma solução, é importante avaliar se há harmonia à medida que avançamos. Quanto mais a solução incorporar as instruções desse circuito de informações, mais satisfeito cada um ficará.

O Chefe Que Aprende

Masoud foi diretor de fábrica por dezessete dos trinta e quatro anos em que trabalhou para uma companhia famosa. Embora fosse respeitado por todos, era um desses microdiretores autoritários que dizia aos subordinados o que fazer. "Obediência ou rua!": eis o credo desse estilo de administração. A coisa funcionou bem para Masoud durante muitos anos, mas os executivos mais jovens, que se reportavam a ele e eram responsáveis pelas operações, vinham de uma nova geração.

Alice, por exemplo, tinha suas próprias idéias a respeito da equipe que chefiava. Durante o período de trabalho, gostaria que homens e mulheres não se preocupassem tanto com os filhos. Masoud, porém, achava que a fábrica tinha três turnos, hora de bater o ponto e fim de conversa! Alice implementou horários flexíveis para os empregados. O aumento de produtividade foi imediato e substancial. Alice sabia que a preocupação com os filhos tirava a atenção e o entusiasmo que seus funcionários concediam ao trabalho.

Masoud soube do que estava acontecendo. Não gostou da iniciativa de Alice. Ignorando os resultados, viu apenas a violação de "suas" regras. Enviou um memorando a todos os supervisores esclarecendo a sua política e ameaçando de dispensa quem infringisse a norma. Não mencionou o nome de Alice.

Alice persistiu. Embora tivesse o apoio do vice-presidente de recursos humanos, não queria recorrer a esse trunfo. Sentiu que a tensão crescia entre ela e Masoud. Isso lhe roubou tempo e energias, que poderia aplicar em aumento de produtividade.

Decidiu, pois, resolver a questão de uma vez. Tinha vários objetivos em mente: (1) conseguir a aprovação de Masoud para os turnos escalonados, (2) convencê-lo da importância de ouvir os funcionários e (3) levar em conta a contribuição que cada um poderia dar ao ambiente de trabalho. Pediu uma reunião com Masoud.

Com a finura de um diplomata e a experiência de trinta anos como esposa e mãe de seis filhos, ela sugeriu a Masoud que recuasse à época em que sua família era jovem. Obrigou-o a vestir a camisa da esposa. Levou-o a reconhecer que a esposa não conseguiria concentrar-se inteiramente no trabalho se estivesse preocupada com o bem-estar dos filhos. Induziu-o, ainda, a refletir sobre como reagiria, na qualidade de pai, se compartilhasse da responsabilidade pelo cuidado dos filhos. Masoud começou a perceber aonde Alice queria chegar. Ela então aludiu ao aumento de produtividade. A princípio com relutância, depois com entusiasmo crescente, Masoud passou a colaborar.

Tornou-se o herói da fábrica. Com a ajuda de Alice, desenvolveu novas regras de trabalho. Agora, os próprios empregados estabeleciam seus horários. O aumento de produtividade e a maior autonomia dos trabalhadores influenciaram decisivamente os sentimentos destes em relação ao emprego. Isso se traduziu em maior eficiência, reduzindo a rotatividade da mão-de-obra e as faltas. Graças ao conflito, Masoud aprendeu muita coisa que contribuiu para sua duradoura eficiência como administrador. Se teimasse em estar certo, de nada lhe valeria a lição.

O Círculo da Sociedade

Carl e Mitchell decidiram abrir mão da segurança proporcionada pelo grande escritório de advocacia onde eram sócios. Um sábado, sentaram-se diante do mesmo terminal de computador e preencheram um contrato de sociedade. Resolveram ser os advogados mais chicaneiros que a cidade podia oferecer.

Tinham ambos muita experiência com sociedades desfeitas. Sentiam-se capazes de elaborar o seu próprio acordo. Levaram em conta todos os pormenores legais, como saques mensais, participação nos lucros, incorporação profissional, encerramento de atividades e tudo quanto poderia ocorrer em caso de morte de um deles. Concordaram até mesmo com a divisão de arquivos em caso de rompimento. O que não lhes ocorreu em momento algum foi o que poderia suceder se desenvolvessem filosofias diferentes a respeito do trabalho.

Depois de três anos de parceria, Carl enfrentou uma grave tragédia familiar. Sua filha de sete anos foi atropelada e morta por um motorista irresponsável. Muita gente esperava que Carl iria endurecer, mas o efeito do acidente foi outro: ele mergulhou numa fase de introspecção e reflexão. Interpretou a perda da filha como um sinal, uma punição, um alerta. Estava certo de que aquilo fora o troco por todas as patifarias que perpetrara em nome do profissionalismo para ser o melhor — o que, para ele, significava ser o mais esperto.

Durante essa fase introspectiva, explorou o campo da mediação. Reconheceu que, em muitas situações, não favorecera os clientes. Decidiu, pois, que a mediação era o melhor caminho para solucionar conflitos. Passou a recomendar esse caminho a todos os clientes do escritório. Mitchell não sabia o que fazer, por isso abriu um processo judicial para impedir Carl de conversar com seus clientes. Carl não reagiu. Convidou Mitchell a um encontro. Mitchell recusou-se, já que o caso estava em litígio. O juiz decidiu que Carl não podia ser privado de sua participação na firma, a qual já estava então destruída.

Mesmo depois do litígio, Carl quis ter uma conversa amigável com Mitchell. Este cedeu finalmente. Carl mostrou aonde uma conversa daquele tipo os teria conduzido, três anos antes. Convenceu Mitchell a rever a situação com outros olhos. Participou-lhe tudo o que observara até então. Fê-lo visualizar a advocacia, dizendo que ela era útil, mas apenas em alguns casos. Mitchell compreendeu. Tornaram-se sócios novamente.

Resumo

A solução criativa é um exercício de aprendizado em grupo. Quanto mais tempo você "ignorar", mais abrangente será a solução. Mantenha a mente aberta para captar fatos, preocupações e perspectivas referentes a todas as pessoas envolvidas.

Reflexões

Da próxima vez que enfrentar uma situação de conflito, encare-a como um exercício de aprendizado. Descubra o que pode aprender sobre a situação. Veja como poderá ser esperto!

Capítulo 14

PRINCÍPIO 10
Torne-se Apto a Responder

Velho Paradigma	**Novo Paradigma**
Recorrer a Profissionais	*Tornar-se Apto a Responder*

Algumas pessoas crescem com a responsabilidade,
outras apenas incham.
— Hubbell

Para muitos de nós, certos princípios operacionais, paradigmas e sistemas de nossa cultura diluem as experiências exclusivas do ser humano: o privilégio da autoconsciência. Nós saneamos, profissionalizamos e diluímos algumas das ações recíprocas que podem proporcionar maior autoconsciência. Muitas pessoas renunciam à responsabilidade pessoal por suas preocupações individuais mais profundas. Isso acontece quando evitamos o conflito. Livramo-nos do contato direto com os outros recorrendo a "profissionais". E o fazemos, muitas vezes, sem antes procurar as respostas em nós mesmos. Isso é importante porque, quanto mais nos conhecemos, mais conseguimos colaborar com o próximo.

Aqui, há uma distinção importantíssima. Recorrer a alguém em busca de orientação e sabedoria é ótimo. Procurar ajuda é útil. Mas deixar que outros se encarreguem do caso, não!

Assuma o Encargo

Você pode fugir aos desafios do conflito entregando-o a profissionais. Foi levado a acreditar que eles sabem muito bem o que fazer! Isso nos transforma em espectadores de nossas próprias vidas e impede que encontremos nossas próprias soluções internas e externas, baseadas em padrões pessoais. Ao resolver nossos conflitos, descobrimos quem somos, quais são os nossos padrões e de qual substância fomos feitos. Sob o novo paradigma, conservamos o comando. Tornamo-nos "aptos a responder". Isso significa encarar conflitos internos e externos. Significa ter a experiência direta do relacionamento com os outros, de ser humano para ser humano, sem que profissionais precisem fazê-lo por nós. Temos de observar nossos próprios conflitos e nossa própria capacidade de colaborar. Precisamos ser responsáveis pela qualidade de nossa experiência de vida, em vez de permitir que estranhos ditem essa qualidade com base nos padrões deles. Por outro lado, não haverá ninguém a quem culpar. É uma renúncia pequena em comparação com o que podemos ganhar: o dom de *nós mesmos* e o conhecimento mais profundo daquilo que nos define.

Os dois irmãos decidiram tornar-se aptos a responder. Em vez de abdicar em favor de profissionais e deixar que terceiros resolvessem por eles, assumiram o encargo. Optaram por uma forma de assistência que os ajudou a chegar ao cerne do problema. Não era coisa bonita, não era coisa excelente, não era coisa saneada — mas era real e eles aprenderam muito.

Os irmãos tiveram o privilégio de descobrir seus sentimentos, idéias, reações e emoções quando encararam, ombro a ombro, a situação. O que aprenderam sobre si mesmos talvez não lhes ocorresse em outro contexto. Nos termos do velho paradigma, teriam sido espoliados de sua experiência de vida. Fiquei orgulhoso ao perceber que não deixaram escapar a oportunidade de aprender mais sobre si mesmos.

O Pai Relutante

Um casal, divorciado há cinco anos, envolveu-se numa acalorada disputa sobre custódia de filhos e direito de visita. Tinham dois filhos, de 7 e 10 anos. A mãe voltara a casar-se e o novo marido recebera a oferta de um excelente emprego em outro Estado. Ela se dispunha a mudar-se para lá com os filhos.

O ex-marido queria provar que ela estava errada, embora não mencionasse suas reais preocupações. O pai nunca desejara realmente o divórcio, de modo que a situação vinha a calhar para ele dar largas ao ressentimento.

O clima estava tenso. Pela lei do Estado, na falta do consentimento paterno, a mãe precisava de autorização judicial para se mudar. O emprego do novo marido iria resultar numa melhoria significativa do padrão de vida das crianças. Morariam perto dos avós maternos e de uma escola com currículos especiais para o filho mais velho, que era bem-dotado. Mas o pai não queria sequer ouvir falar desses benefícios.

A batalha judicial chegou ao ápice quando as crianças foram interrogadas pelo juiz. Ambas desejavam mudar-se. Depois disso, o pai resolveu tornar-se apto a responder, a despeito de sua postura anterior. Ouviu as razões dos filhos.

A experiência de vida, para o ser humano, está cheia de desafios. Sempre esteve. Havendo comida, abrigo e distância dos predadores, nossos dois desafios primários em termos de sobrevivência são:

1. Civilidade — capacidade de controlar comportamentos que possam afetar os outros.
2. Colaboração — capacidade de trabalhar em grupo.

Tornar-se apto a responder é a chave para vencer esses desafios.

Resumo

Confiar soluções a profissionais pode impedir a descoberta de si mesmo. Nossa identidade pessoal é revelada quando examinamos nossas respostas diretas aos conflitos.

Reflexões

Lembre-se de uma ocasião em que resolveu confiar seus problemas a outras pessoas ou a profissionais. Como se sentiu na época? Estava com medo? Como se sente e pensa com relação ao resultado? A solução foi emocionalmente satisfatória para você? Gostaria que o desfecho tivesse sido diferente? Enfrenta no momento uma situação indecisa, cujo encargo não assumiu? Que medidas poderia tomar para mostrar mais responsabilidade? Que riscos correrá se não tomá-las?

Parte IV

O Modelo de Solução na Prática: Um Guia Passo a Passo

Novos comportamentos são necessários para melhorar os resultados. A Parte IV examina os sete passos do Ciclo de Solução. Cada capítulo discute um passo, utilizando estudos de casos e explicando os diálogos que conduzem à solução. Conclui mostrando a conexão entre o modelo e os dez princípios do novo paradigma, além de exemplificar as aplicações do modelo.

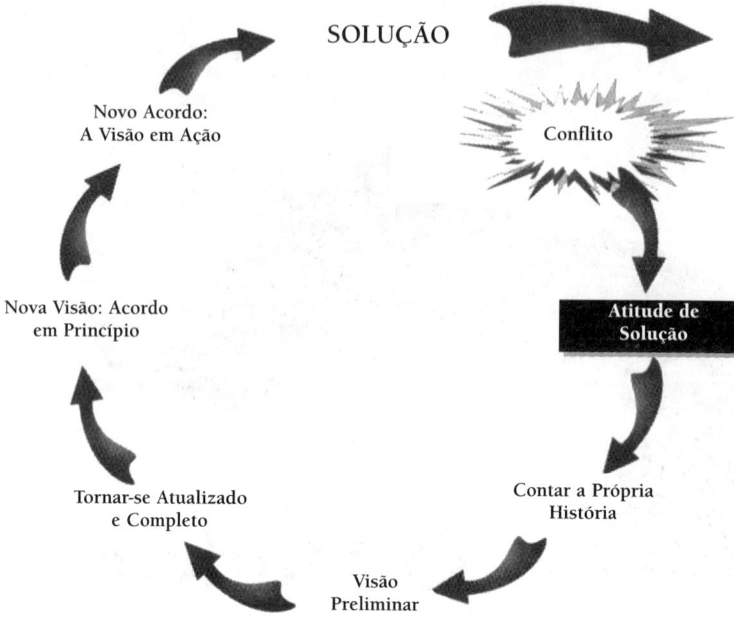
SOLUÇÃO
Conflito
Atitude de
Solução
Contar a Própria
História
Visão
Preliminar
Tornar-se Atualizado
e Completo
Nova Visão: Acordo
em Princípio
Novo Acordo:
A Visão em Ação

Capítulo 15

PASSO 1 Uma Atitude de Solução

Se persistirmos na idéia do olho-por-olho e dente-por-dente, acabaremos num mundo sem olhos e sem dentes.
— *Gandhi*

O primeiro passo do modelo de solução de conflitos é desenvolver uma atitude de solução. Isso significa adotar o novo paradigma encarnado nos dez princípios. Desenvolvemos essa atitude ouvindo, partilhando preocupações e sabendo que existe um acordo a ser encontrado. À atitude de solução opõe-se a mentalidade do "ganhar ou perder".

Inicialmente, a prática e a intenção consciente serão necessárias para transformar a nova atitude num novo hábito de pensamento. A fim de ajudar você a adquirir esse hábito, o presente capítulo aponta diversos recursos a utilizar e alguns obstáculos a evitar.

Adote uma Atitude de Descoberta

Adotar uma atitude de solução exige a perspectiva da descoberta, que consiste em saber mais a respeito do ponto de vista alheio. Graças ao diálogo, entendemos o que as pessoas desejam e o que a situação exige. Para permanecer na atitude de descoberta, precisamos esquecer que temos a resposta "correta", "sabemos" o que é justo ou somos donos da "verdade".

Imagine uma situação pessoal complicada. Suponha que não está envolvido. Calcule até que ponto ela afeta pessoas de quem gosta. Dessa perspectiva privilegiada, poderá refletir com mais clareza. Adotar qualquer dessas atitudes será muito útil:

1. Respeito pelos outros e seus pontos de vista.
2. Sinceridade e mente aberta para ouvir.
3. Integridade — confiabilidade e eqüidade.
4. Dignidade e certeza de que fará o melhor por todos.
5. Autenticidade e franqueza na comunicação.
6. Consciência de que sabe o *caminho* para a resposta, mas não *a* resposta.
7. Certeza de que a solução será encontrada.
8. Serenidade quando todos perdem a cabeça.
9. Humor e tranqüilidade.

Adotar essa maneira de ser não é simples nem fácil. Assim, este capítulo discute pormenorizadamente esses comportamentos. Mas se você não sabe como segui-los, sugiro que ouça o conselho que o famoso terapeuta Milton Erikson deu a um grupo de psiquiatras: ele pediu ao grupo que "agisse" como se soubesse o que estava fazendo, até adquirir proficiência.

Ouça

Recentemente, tive notícia da solução de uma causa que um empregado moveu contra uma grande instituição financeira. A queixa se baseara em discriminação racial e etária, com conseqüente quebra de contrato de trabalho. O caso foi resolvido em três horas. Ingrediente principal: ouvir. Cada parte contou sua história completa. O "solucionário" escutou atentamente e em seguida repetiu às pessoas o que elas haviam dito, quase palavra por palavra. Elas perceberam que ele ouvira tudo.

Dado que cada qual fora ouvido atentamente, um alto nível de confiança se estabeleceu. Ambas as partes tinham certeza de que o "solucionador" era seu defensor e de que seus interesses seriam protegidos.

Existe sempre uma base comum. Descobri que as pessoas, especialmente quando íntimas, costumam estar do mesmo lado do conflito. Infelizmente, nosso uso da linguagem para expressar o que sentimos, bem como a expectativa de oposição, muitas vezes impedem que reconheçamos não haver desacordo algum. Ouvir atentamente e fazer perguntas evita conflitos inúteis. Mas é preciso ouvir não apenas com os ouvidos: os olhos e a sensibilidade também devem atuar. Lembre-se sempre de que você tem só uma boca para falar, mas dois ouvidos para escutar.

Empenhe-se na Solução

Talvez você suponha que a solução esteja na próxima esquina — que ela surgirá na primeira rodada de conversação. A história seguinte ilustra como o empenho na solução "economizou" as vidas de um homem, uma mulher e uma criança por nascer.

Ron metera-se numa enrascada amorosa. Sua namorada, Elyse, ficara grávida. Ron queria que ela abortasse; Elyse deixou claro que desejava ter o filho, apesar de, por causa do atrito, não estar interessada num relacionamento duradouro com Ron. Havia inúmeras possibilidades para o casal, mas nenhuma das escolhas parecia satisfatória.

Elyse pediu que Ron pagasse as despesas do pré-natal e do parto, nada mais. Ele concordou. Mas, como se sentia inseguro quanto ao que escolher, quis fazer mais e, durante a gravidez, encarregou-se de pequenas coisas, como o enxoval da criança. À medida que os meses passavam, percebeu que sua inquietação aumentava. Ron estava grávido também, embora o relacionamento não parecesse viável.

Cerca de um mês antes do nascimento da criança, Ron cumpriu a promessa e pagou a última parcela das despesas médicas. Tão logo o fez, viu-se instado judicialmente a arcar com a pensão do filho. Sentiu-se espezinhado e traído. Telefonou-me aos brados, ansioso por xingar, discutir seus direitos e montar sua defesa. Os direitos legítimos de Ron eram limitados, por isso sugeri-lhe que escrevesse uma carta a Elyse "contando sua história". A carta chegou alguns dias antes do parto. Elyse não estava interessada no que ele tinha a dizer. Isso o irritou ainda mais.

Ron e eu traçamos uma estratégia e comunicamos a Elyse e sua advogada que, se mudassem o jogo e Ron pagasse a pensão, ele se tornaria um verdadeiro pai para a menina. Não o faria por raiva, mas de coração. Ron pensava em assumir um papel maior e elas o haviam repelido. Recusaram a oferta. Ron declarou que cumpriria o acordo original (pagar as despesas médicas) ou se responsabilizaria pela pensão e se tornaria um pai — mas não seria explorado.

Conversei com a advogada de Elyse de uma perspectiva clara e sólida do futuro. Eu sabia qual era o melhor caminho. Parecia óbvio (minha visão preliminar), dadas as relações entre Elyse e Ron, que o melhor para todos seria que a criança fosse criada por apenas um dos pais. A firmeza com que falei com a advogada de Elyse funcionou. Ela foi ter com Elyse. Concordaram em encerrar a demanda se Ron renunciasse definitivamente aos direitos de paternidade.

Até essa solução gerou um dilema emocional em Ron. Ele desejara uma criança e a tivera. Tentei orientar Ron em meio à sua agonia pessoal. Exteriormente, ocupei-me das questões jurídicas, negociações, acordos. Mas essa era uma parte pequena do trabalho.

O verdadeiro serviço foi a atitude de solução que promovi, guiando Ron pelos meandros do conflito até ele decidir o que queria fazer, com base em suas escolhas e suas emoções em relação a elas. Essas escolhas tinham muito menos a ver com exterioridades — advogados, processos, dinheiro — do que com seus próprios valores, crenças e emoções. Afora a solução, algo muito importante sucedera a Ron. Ele nunca se sentira tão apoiado. Aprendeu quanto vale um guia preocupado com o seu bem-estar.

Quando você enfrentar uma situação difícil, não deixe nunca de acreditar que ela será resolvida.

Sente-se para Conversar

O modo de solucionar conflitos e construir relacionamentos é a comunicação eficiente: uma conversa franca sobre os problemas concretos, não fragmentos de informação alinhavados só para vencer ou para cumprir as exigências legais. Quando o advogado diz a seu cliente que pare de conversar com a parte contrária, bloqueia qualquer possibilidade de solução antes que o processo siga seu curso.

O conselho administrativo de uma das cem maiores empresas da *Fortune* fez com que a abertura de processos se tornasse uma tarefa duríssima para seus causídicos. Estes devem, primeiro, provar que envidaram um esforço verdadeiramente heróico para resolver a questão da maneira mais pacífica possível. O velho método era adotado porque, muitas vezes, o advogado achava mais fácil redigir uma petição do que trair "fraqueza e vulnerabilidade" numa conversa simples com a parte contrária. A documentação interna exigida para justificar a abertura de processos custa mais caro do que o diálogo com o "inimigo". A prática dessa companhia promove soluções. A motivação é a economia e a eficiência. Ela funciona e não malbarata recursos.

Divirta-se!

É importante divertir-se com a atitude de solução. Eu faço isso! Ria para você mesmo quando "desarmar" pessoas dispostas a brigar. Note como a sua expressão descai e seu corpo relaxa quando você ouve e fala no tom de quem está decidido a resolver o problema. Gandhi estava certo ao dizer que os britânicos não conseguiriam vencer se oitenta milhões de indianos não lutassem. A coisa funciona, mesmo com o mais teimoso dos adversários. Prove a você mesmo que a maioria das pessoas na verdade não deseja lutar; isso não passa de uma resposta adquirida.

Uma atitude de urbanidade conduz a relacionamentos que resolvem as coisas. Quando você declara que deseja uma solução, o tom do diálogo se desloca da guerra para a colaboração. Ainda que você finja a princípio, a atitude se torna eficaz no final. E torna-se real sem demora, quando você vê os resultados.

Aconselho os meus clientes a ir direto à fonte do conflito: a pessoa com quem estão brigando. Em primeiro lugar, avalio sua postura e faço o melhor que posso para gerar um clima de solução. Tento modificar suas expectativas quanto aos resultados.

Manuel, por exemplo, estava sendo ameaçado por sua antiga firma. Os advogados desta foram ao tribunal para impedir que ele lhes tirasse clientes. Mas Manuel era autônomo e nenhum contrato de trabalho lhe embaraçava os movimentos. Além de tudo, a firma lhe devia mais de vinte mil dólares de comissão.

Aconselhá-lo a adotar uma atitude de solução foi o melhor. Manuel recebeu cada dólar sem processos nem novas ameaças de qualquer tipo, pois conseguiu tratar o caso numa atitude de solução. Você poderá conseguir o mesmo resultado. Pense em termos de resolver e não vencer. Esqueça a sua posição; concentre-se na solução melhor para todos.

Obstáculos à Atitude de Solução

Os aspectos do antigo paradigma trabalham contra sua atitude de solução: normas jurídicas, direitos e aquilo que é considerado a "verdade".

Normas Jurídicas

Aquilo que os partícipes de um conflito consideram "justo" constitui um padrão bem mais eficaz para a solução do que a palavra da lei.

Recentemente, o diretor de uma empresa multibilionária de serviços públicos pagou vinte e cinco milhões de dólares de indenização a um garoto de oito anos que quase fora eletrocutado. Apesar dos conselhos de seus advogados, para quem ele não era legalmente responsável, o diretor achou que o melhor a fazer era pagar logo. Seguiu um padrão diferente. Eis uma fábula que ilustra a questão.

Um casal do Oriente Médio estava com sérios problemas domésticos. Fátima queria o divórcio; Ali estava desesperado por causa das brigas entre sua mãe e sua esposa.

Era costume, naquela cultura, o homem abrigar a mãe em casa depois da morte do pai. A mãe não só passava a viver com o filho como tinha seus próprios aposentos. A mãe de Ali ocupava o térreo de uma casa de dois andares. O segundo andar era ocupado pelo casal. Para chegar a seus próprios aposentos, Fátima precisava passar pelos da sogra. E toda vez que o fazia, era censurada por uma razão ou outra. Sua paciência estava no fim.

Ali não queria ser desrespeitoso com a mãe nem perder a esposa. Não sabia o que fazer. Fátima e Ali foram procurar o ancião da aldeia e contaram-lhe sua história.

Fátima discorreu sobre sua frustração e raiva; Ali lamentou estar sendo puxado em direções opostas pelas duas mulheres que amava. Depois de ouvir ambas as partes, o ancião, com um brilho nos olhos, propôs a solução. Sugeriu que instalassem uma escada para que Fátima entrasse em seus aposentos sem precisar haver-se com a sogra. Funcionou. Isso é solução! Ninguém esquentou a cabeça decidindo quem estava certo e quem estava errado, ou qual norma jurídica era aplicável ao caso. O ancião apenas esboçou uma solução prática e eficiente.

Um famoso mediador contou que, ao visitar o escritório de advocacia da família (tirara notas máximas no primeiro ano da Faculdade de Direito de Harvard), gabava-se na presença do tio de sua proficiência em contratos e direito penal quando seu avô de 88 anos perguntou-lhe como fazia para promover "acordos". Conforme mencionamos no prefácio, os melhores advogados sabem que a solução, e não a vitória, é o que importa.

Direitos

Seus "direitos" nem sempre são o aspecto mais importante da situação. Emoção, relacionamentos anteriores e colaborações futuras devem ser levados em conta. Especialmente importante é o tipo de relacionamento que desejamos no futuro. Pensar apenas no "hoje" talvez não nos ajude muito.

Se você sabe que uma situação vai mudar, considere isso. Há pouco, num caso de divórcio, pressenti que minha cliente logo arranjaria outro parceiro. Sugeri-lhe que aceitasse um "desconto" na pensão, paga de uma só vez, em vez de recebimentos mensais que cessariam logo que ela voltasse a casar-se ou passasse a viver com outro homem. Isso descartou a hipótese de uma disputa arrastada sobre se ela teria ou não direito a pensão vitalícia. E ainda que o tivesse, era mais sensato não invocá-lo.

Verdade

Talvez você pense que a verdade é muito importante. Existem, porém, diversas verdades numa situação! A verdade é geralmente esquiva, não raro irrelevante e sempre dependente dos critérios de quem a avalia. Acredito que as pessoas querem o "mais que a verdade" proporcionado pela solução porque, freqüentemente, cada um tem a "sua" verdade.

Quando comecei a advogar, eu achava que havia uma "verdade" possível de ser encontrada no tribunal. Eu representava um cliente que fora ferido num acidente de motocicleta. Ele tinha a sua história sobre o que acontecera. Mas o motorista do outro veículo tinha uma história diferente.

Também as testemunhas falavam outra coisa, assim como o perito. Depois de ouvir esses relatos, concluí que todos diziam a verdade. Cada qual vira a coisa de modo diverso. Ninguém mentia. Depois que adquiri mais "percepção", aprendi "uma" verdade sobre a verdade: cada um tem sua verdade e quase nunca existe "a verdade".

Um magistrado examinava o caso de um contrato de venda de imóvel. Ouviu o eloqüente proprietário e declarou: "O senhor está certo." Ouviu o igualmente aparatoso comprador e concluiu: "O senhor está certo." Quando os dois lhe observaram que ele estava sendo incoerente, reconheceu: "Os senhores estão certos." A "verdade" nem sempre nos liberta!

Quando Eles Não Querem Colaborar

Sempre me perguntam, em meus seminários, como chegar a uma atitude de solução quando as pessoas se mostram teimosas, têm personalidade difícil ou são mais poderosas do que nós. Esse é um assunto que muita gente considera embaraçoso e frustrante. Não há respostas fáceis. Às vezes, as pessoas não arredam pé, mas eis aqui algumas sugestões que funcionaram para mim:

1. Respeite sua posição e personalidade — faça amizade com elas. Lutar e resistir não leva a lugar nenhum. Se você se opuser a uma força, ela o pressionará com maior intensidade. O melhor é ser simpático e descobrir de onde as pessoas vêm e como chegaram aqui. Compreendendo-as, elaborará uma estratégia para induzi-las a dialogar.
2. Mostre-lhes o custo da situação atual e o prejuízo da delonga. Utilize a análise de custo de conflito do Capítulo 2 para demonstrar a enorme perda que sofrerão se nada for resolvido.
3. Mostre-lhes o benefício potencial da solução criativa que você tem em mente. Faça-as ver o que têm a ganhar.
4. Convença-as de que a solução foi idéia delas. Muitas vezes as pessoas repelem uma idéia que não é sua. Se você conseguir atribuir-lhes a paternidade da idéia, elas a aceitarão mais facilmente.
5. Apele para uma autoridade superior. Haverá alguém mais influente que você, a quem a parte resistente escutará e acatará — um chefe, um funcionário público, um magistrado, uma autoridade moral etc.? Você não ganhará nenhum prêmio por agir por conta própria.

6. Pergunte-se se não estará vendo a situação do ponto de vista delas. Em outras palavras, estará você deslocado e a "insensatez" delas se justifica?
7. Não desista nunca. A única maneira de chegar à solução é encetar a jornada. Lembre-se: às vezes a tarefa mais difícil é convencer as pessoas a dialogar.

Liderança e Atitude de Solução

Quando você opta pela atitude de solução, torna-se automaticamente um líder. Agindo como líder, em face de discórdias no trabalho ou no lar, caberá a você procurar a solução. Não se esqueça de que você pode utilizar o modelo de solução como um profissional especializado nessa área, como parte de seu trabalho — entre amigos ou numa situação pessoal.

No trabalho, poderá entrar em conflito com o chefe, um colega ou uma pessoa que se reporte a você. Talvez precise solucionar uma querela entre dois ou mais funcionários de sua equipe. Em casa, precisará conversar com a esposa a respeito do conflito entre suas respectivas carreiras e da administração doméstica. Na igreja, terá de discutir com os outros membros sobre os diferentes valores exigidos para a escolha de um novo ministro. Um dos aspectos da liderança é a aceitação de responsabilidade e a capacidade de resolver situações em benefício de todos.

Como líder, você precisa ser criativo. Freqüentemente, está às voltas com problemas para os quais não há nenhum manual de respostas. Ninguém pretende que a coisa é fácil, mas adotar a atitude de solução ajuda muito. Convém desenvolver e manter essa atitude ao longo de todos os passos do modelo.

Resumo

Sua atitude perante o conflito vai determinar se será fácil para você conseguir o que deseja. As habilidades essenciais são: escutar, "encontrar" o caminho e esboçar soluções eficientes. Insistir demais em direitos, leis e na "verdade" só causará conflito. Adotar a atitude de "saber" que uma solução justa pode ser encontrada é a chave para encontrá-la. Tudo será tão simples quanto uma conversação corriqueira se você renunciar à necessidade de estar certo e concordar em aceitar o que é melhor para o futuro.

Reflexões

Escolha duas situações de conflito da sua vida. Prontifique-se a agir em cada uma delas. Na primeira, tente provar que está certo: procure vencer. Na segunda, adote a atitude de solução e exame. Até onde as duas situações diferem nos resultados? Na emoção? Em termos de relacionamentos duradouros?

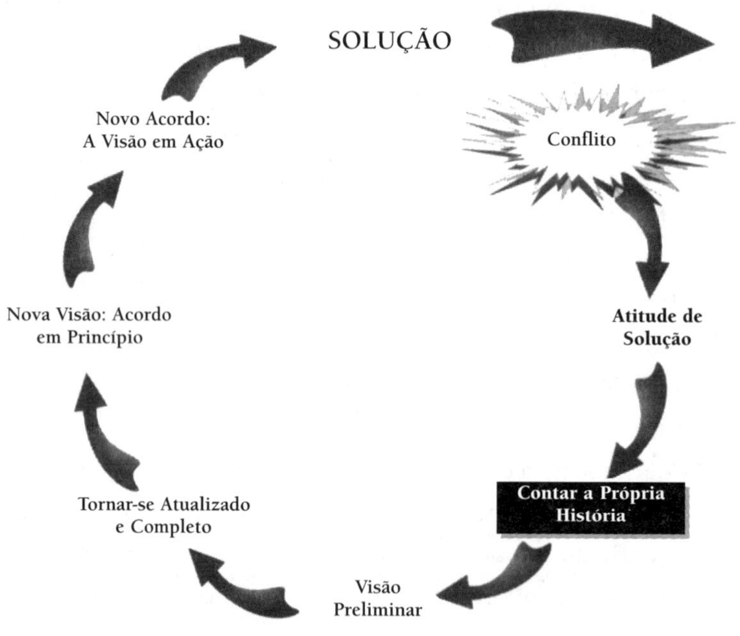

Capítulo 16

PASSO 2

Conte a Própria História

Quando não dispomos de tempo para ouvir as histórias dos outros, procuramos profissionais que nos ensinem a viver. Quanto menos tempo passarmos juntos na mesa da cozinha, mais livros de "como fazer" aparecerão nas lojas e nas nossas estantes... Uma vez que paramos de ouvir, talvez tenhamos esquecido como se ouve, como se captam significados...

— *Dra. Rachel Naomi Remen*[14]

Todos nós queremos contar a "nossa" história. O ato de recitá-la infindavelmente para um ouvinte atento tem importante finalidade catártica. É excelente veículo para montar um banco de informações para todos os envolvidos. Aí se inclui o narrador, que aprende ouvindo sua própria história.

Mais Importante Que Vencer

Meu exemplo favorito da importância de contar histórias vem de um advogado canadense. Ele acabara de entender-se com o juiz. Embora seu cliente estivesse com ele, o caso seria decidido com base na teoria jurídica e em declarações juramentadas. O cliente não precisaria depor.

Durante duas horas, o juiz examinou provas, argumentações e contestações eloqüentes. Meu amigo canadense venceu e conseguiu para seu cliente quinhentos mil dólares: estava, pois, satisfeito e certo de que fora uma grande façanha. Depois que o juiz deixou a sala, meu amigo voltou-se para o cliente e, com inusitado entusiasmo, disse-lhe: "Essa foi grande, não? Papamos meio milhão". Porém o cliente, com grande desapontamento, balbuciou: "Mas... mas não consegui contar a minha história!" Para ele, a necessidade de contar sua história era tão importante quanto a vitória financeira.

Nós precisamos contar nossas histórias. Precisamos que outros as ouçam. Vencer não é tudo.

Quando você se envolver com a solução de um conflito, primeiro ouça a história — a história inteira — do modo como a pessoa desejar contá-la. Ouça como se bebesse as palavras de uma amante que você deseja reter e que ameaça partir. Faça com que a pessoa sinta que está sendo ouvida como nunca. Seja você partícipe ou mediador, lembre-se de que, quando alguém conta a sua história, ocorre uma mudança tanto para quem ouve quanto para quem fala.

Serviço Profissional

É necessário contar histórias francamente quando se estabelece um relacionamento de serviço profissional. Muitas vezes os prestadores de serviços não assimilam as reais preocupações dos outros porque ouvem a si mesmos e têm uma noção própria do que deve ou não ser feito. Pode acontecer também que ouçam através de seu filtro profissional e não captem o alcance da história. Isso é verdadeiro nos relacionamentos com terapeutas, médicos, advogados, contadores, consultores, fornecedores, mecânicos ou pedreiros.

Quando você ouve a história toda logo de começo, evita uma torrente de dificuldades futuras e torna-se capaz de oferecer serviços de qualidade. Deixar que as pessoas digam tudo o que lhes vai pela cabeça é o ingrediente-chave para compreender seus problemas e chegar à solução que desejam.

Criadores de *Softwares* Que Contaram Sua História

George e Luke, criadores de *softwares*, trabalharam juntos num projeto durante sete anos. George era um gênio inventivo, com vasta capacidade de concepção. Luke, por formação e prática, era um engenheiro cujo talento principal consistia na perseverança. Cada qual tinha uma equipe de projetistas a quem tentava inspirar. George e Luke queriam ser modelos de comportamento para as pessoas que trabalhavam com eles.

A maior parte do tempo em que trabalharam juntos, tudo correu bem. Mas, nos dois últimos anos, George começou a pensar que o estilo ponderado de Luke estava bloqueando sua criatividade. Ele "sabia" que o gênio se manifesta por lampejos intuitivos e idéias originais fulgurantes. Luke, porém, ficou cada vez mais convencido de que os grandes saltos para a frente, embora às vezes tenham traços de intuição, derivam essencialmente da rigorosa aplicação de princípios e normas.

Essas diferenças de estilo não tiveram importância até que George e Luke foram chamados por Maya, a diretora. Ela acabara de assinar um contrato "de vida ou morte" para a firma. Maya não sabia se poderia cumprir suas promessas. Os resultados desejados exigiam um esforço de equipe. George e Luke teriam de trabalhar ombro a ombro. Mas como, se não se respeitavam?! Por dois anos haviam ruminado diariamente sua guerrinha particular. Agora, tanto a firma quanto seus empregos estavam por um fio.

Luke pediu a Jack, experiente consultor de recursos humanos, para ajudá-los a fazer as pazes. Embora tivesse poucas esperanças numa amizade ou verdadeira colaboração, Luke vislumbrava ao menos a possibilidade de um relacionamento de trabalho. Jack se prontificou para a tarefa, mas queria pensar no assunto durante alguns dias. Decidiu que o único caminho para a solução seria reunir os dois contendores e convencer cada qual a contar sua história. Uma vez que ambos respeitavam Jack, um clima seguro fora criado. Nessas condições, nada havia a perder.

George e Luke, enquanto contavam suas histórias, foram obtendo mais informações sobre o colega, passando a respeitar-se e a valorizar-se mutuamente. Cada qual se espantou ao descobrir o que o outro pensava de sua maneira de trabalhar. Ouviram atentamente o que o narrador dizia a respeito de suas "verdades", percepções, observações e predições.

Jack disse a George e Luke que seria melhor para ambos suspender seus julgamentos o máximo que pudessem. Não lhes pedia que deixassem de julgar, pois isso é parte de nossa natureza e nós o fazemos maquinalmente. Queria apenas que "observassem" os julgamentos e não os levassem demasiado a sério. Isso é importante, mas difícil. Em vez de se defender e declarar o outro errado, você deve ouvi-lo para entender sua realidade.

Quando George e Luke voltaram ao trabalho, tinham outra idéia da capacidade e competência do colega. O talento de cada um viera à tona graças à sua história. Declarando quem eram, o que viram e o que fizeram, criaram condições para o melhor emprego de suas habilidades. Chegado o momento de assumir responsabilidades para iniciar o projeto, nem George nem Luke perderam tempo: entregaram-se àquilo que cada um sabia fazer melhor e pediram ajuda ao outro nas áreas em que eram menos brilhantes. Quanto mais trabalhavam juntos, mais se respeitavam.

As histórias de Luke e George permitiram que ambos fossem ouvidos e valorizados. Quantas vezes você não teve uma impressão inicial que se desvaneceu logo depois de conhecer mais intimamente a pessoa? Por favor, não se esqueça disso.

O Diretor Que Sabia Ouvir

No início da década de 1980, pouco depois da falência do sistema Bell, José descobriu que um de seus vendedores, Shelly, estava integrando uma força-tarefa encarregada de implementar um novo sistema de telecomunicações. José ficou furioso. Não dera sua aprovação e não achava que o projeto era economicamente viável. Chamou Shelly ao seu escritório e ordenou-lhe que esquecesse a força-tarefa.

Shelly tinha uma mentalidade independente e muita confiança em si mesmo. Não sabia por que José adotara aquela postura nem o que fazer a respeito. Não gostava que lhe dessem ordens, mas, em vez de mandar José "para aquele lugar", resolveu contemporizar. Aderira ao projeto porque achava que valia a pena economicamente. Acreditava no projeto e queria fazer parte de sua implementação. E resolveu participar, com ou sem a permissão de José.

Na manhã seguinte, bem cedo, Shelly entrou no escritório de José e contou-lhe os motivos pelos quais desejava envolver-se no projeto. Explicou que este fazia sentido e seria a grande onda do futuro. O grupo a que Shelly queria aderir estava desbravando território novo. Os membros seriam *intrapreneurs* e teriam sua própria filosofia de mercado, vendas e material de implementação. Procurariam os recursos necessários. Escapariam à burocracia.

Shelly convenceu José de que os benefícios potenciais valiam bem o risco. Tocou o coração de José abrindo-lhe o seu próprio. Shelly fora franco e José respondera favoravelmente. O entusiasmo de Shelly não era destituído de base: o projeto tornou-se um modelo de ação para os *intrapreneurs*, e Shelly e sua equipe foram contratados para adestrar centenas de administradores em seu método de conseguir resultados. Shelly descobrira o valor de contar sua história; José aprendera a ouvir!

História de um Casamento

No casamento, a oportunidade de contar a história é a oportunidade de fechar uma brecha. Ser honesto, dizer a verdade, eis o primeiro passo para a solução. É aí que se inicia a cura. De nossa verdade provém a autenticidade que conduz a uma nova solução.

Há algum tempo, fui chamado para avaliar uma situação que todos consideravam irremediável. Jim e Irene estavam casados há cinco anos, cinco anos difíceis. O senso de honra impedia-os de separar-se, apesar das dificuldades do dia-a-dia e da desanimadora perspectiva de uma vida futura estável. Embora seu relacionamento não funcionasse, estavam mais empenhados em fazer o que achavam certo do que o que os poderia tornar felizes. Encerraram-se, cada um, em sua concha inanimada, alheios às novas possibilidades.

Fui vê-los sob o pretexto de tratar de um desacordo quanto às férias do casal. Irene queria acampar, Jim queria instalar-se no Plaza de Nova York. Conversei ligeiramente com ambos e vi logo confirmada a minha intuição. Aqueles dois não queriam ficar juntos, fosse lá qual fosse a razão que os mantinha assim. Digo isso sabendo que jamais poderemos entender o que une um casal, mas aquele relacionamento parecia inviável.

Minha verdadeira tarefa resumiu-se a induzi-los a falar sobre o que realmente estava acontecendo sob a superfície. Lancetei o tumor. Abri uma brecha. E a conversa escorreu. Cada um contou uma história de renúncia, privação e anseio por uma existência diferente, mais autêntica. E assim, por lhes ter sido dada a oportunidade de contar sua história, duas vidas foram salvas.

Bobagem de Criança

Raquel estava tendo dificuldades com o filho de 8 anos. Até então, Ralph tinha sido uma criança-modelo. Um dia, quando Raquel foi buscá-lo na escola, ele saltou para o carro, bateu a porta e disse: "Odeio este lugar!" Raquel começou a criticar a conduta do filho. Aquilo continuou por cinco dias seguidos. Raquel gritava com o garoto e exigia que ele mudasse de comportamento. Ralph não queria ouvir. Estava com raiva!

Depois de consultar um terapeuta amigo, Raquel tentou uma nova tática. Com voz calma e apaziguadora, perguntou a Ralph o que estava acontecendo e por que ele detestava a escola. Graças à abertura proporcionada por Raquel, Ralph se sentiu seguro para falar. Contou a sua história. Todos os dias os colegas de classe zombavam dele por causa da sua maneira de vestir-se. Os comentários haviam criado um conflito. E como tinham por alvo as calças que Raquel escolhera, Ralph temia que, se lhe contasse a história, ela fosse se sentir ofendida. Era mais fácil odiar a escola do que encarar o conflito.

Raquel ficou perplexa com a informação. Nada mais fácil do que comprar calças diferentes. Ouvir a história alterou o resultado. Ralph já não odeia a escola. Já não se queixa. Não bate mais as portas. Ouvir e contar histórias ajuda muito a superar dificuldades com os filhos. As histórias das crianças devem ser acatadas e respeitadas, pois elas as vivenciam.

Quantas vezes você contou uma história a si mesmo porque isso era mais fácil do que encarar um conflito grave?

Resumo

O segundo passo para a solução de conflitos é ouvir atentamente todas as histórias sobre a situação, inclusive a sua própria. Lembre-se: isso beneficia os outros envolvidos tanto quanto você mesmo; portanto, deixe-os contar sua história sem ser interrompidos. O fato de não responder não significa que você concorde. Nessa etapa, sua tarefa consiste em reunir informação e descobrir o que as outras pessoas pensam do caso.

Reflexões

A maioria das pessoas não ouve. Elas esperam impacientemente sua vez de falar ou pensam naquilo que irão dizer. Para ter uma idéia de quanto vale ouvir, passe um dia em silêncio, apenas escutando histórias à sua volta. Dependure ao pescoço um aviso com a frase: "Hoje não falo, só escuto!" Ficará surpreso com as conexões feitas e com o peso da informação recebida, que geralmente lhe escapa.

SOLUÇÃO
Conflito
Atitude de
Solução
Contar a Própria
História
Visão
Preliminar
Tornar-se Atualizado
e Completo
Nova Visão: Acordo
em Princípio
Novo Acordo:
A Visão em Ação

Capítulo 17

PASSO 3
Tenha uma Visão Preliminar da Solução

Só quem pode ver o invisível pode fazer o impossível.
— Frank L. Gaines

Entrar num processo de solução desperta a criatividade, e contar histórias põe essa criatividade em ação. A atitude de solução ilumina o caminho no qual a solução será encontrada. O conteúdo da história de cada uma das partes envolvidas é o cadinho que encerra o potencial para uma solução capaz de respeitar os interesses de todos.

A solução possível surge da mesma maneira que o "terceiro corpo" é revelado quando dois indivíduos travam um relacionamento íntimo. Esse terceiro corpo, nascido da energia compartilhada dos envolvidos, tem sua própria viabilidade. Nenhuma pessoa pode fazer isso sozinha porque só dispõe de seus recursos individuais. Eis por que conversar consigo mesmo sobre uma situação difícil quase sempre não leva a parte alguma: entra-se num círculo vicioso. O conflito precisa ser contemplado através de lentes diferentes. A fusão alquímica que ocorre quando histórias são compartilhadas é, ao mesmo tempo, previsível e imprevisível. Sabemos que ela levará à solução, mas não sabemos que solução será.

Seja você a parte neutra (mediador profissional, amigo ou diretor) ou um dos partícipes, à medida que escutar todas as histórias começará a pressentir a solução melhor. Isso exige a eliminação de quaisquer idéias sobre vencer ou provar que está certo. As visões do futuro são a fonte da nova realidade em esboço. Elas atraem a energia e os recursos necessários à concretização. A visão preliminar é o terceiro passo do modelo de solução.

Pela sabedoria tradicional, entre os que se dedicam profissionalmente à solução de conflitos, ser neutro significa não ter em vista os resultados; essa visão cabe aos envolvidos. Mas você terá a visão sem fazer esforço: sua mente se encarregará disso! Um solucionador eficiente tem a visão do resultado, como partícipe ou mediador. No entanto, você não deve apegar-se demais à sua visão. Ela mudará à medida que novos fatos, percepções, problemas e motivações vierem à tona. Lembre-se de que sua visão não é tão importante quanto a dos outros. E lembre-se também de que ser neutro significa mostrar-se justo e imparcial, não evitar envolvimentos. Procure o equilíbrio.

Siga Seus Instintos

A visão preliminar da solução tem sua semente nos sentimentos. A visão é intuitiva e está além da lógica, que só depois virá para justificá-la. É o núcleo em torno do qual a solução plena se forma, assim como a pérola cresce a partir de um grão de areia. Nossa mente lógica encontrará a base racional para validar aquilo que nossa intuição e emoção já conhecem.

Nesse passo do modelo, a fé e a confiança são muito importantes. *Confiança* significa ouvir os nossos instintos mais profundos. Depois de escutar todas as histórias, muito provavelmente adquiriremos um senso indefinido do rumo da situação. Saberemos vagamente se dois sócios deverão continuar juntos, se uma parceria comercial é viável ou qual será o melhor uso dos recursos de uma cidade. Vale a pena ouvir a voz da intuição. Ela não é obrigatoriamente verdadeira, mas proporciona uma perspectiva inicial a que outros possam responder.

A *fé* nos mantém presos à intuição, mesmo sem saber exatamente o motivo. Scott Peck, autor de *best-sellers*, afirma que, quando era mais jovem, não sabia muitas vezes por que deveria fazer certas coisas ou tomar determinado caminho. Aprendera a ter fé e a seguir seus instintos no processo. No fim, a lógica e a motivação vinham à tona.[15]

Na história dos dois irmãos do Capítulo 3, vislumbrei uma cooperação fraterna. Apeguei-me a essa visão enquanto o processo de solução se desenvolvia. Qualquer dos irmãos poderia ter assumido essa postura. Tendo-a por farol, foi possível chegar a um resultado. Eu não conhecia os pormenores, mas tinha certeza de que a solução deveria incluir a perspectiva da cooperação fraterna. Em pleno conflito, as pessoas geralmente se agarram a emoções passadas. Cabe a uma terceira pessoa, ou a um dos envolvidos disposto a caminhar para o futuro, apontar a nova perspectiva.

Rick era um maníaco-depressivo que perdera sua fortuna durante o abalo da bolsa em 1987. Estava disposto a saltar de uma ponte. Percebi que era mais importante cuidar do delicado estado emocional de Rick do que do processo que ele queria mover contra seu irmão. Comecei a esboçar uma visão do futuro: mesmo que ele não recuperasse nada com o processo, não haveria mal nenhum. Tive de lidar também com seu complexo de culpa — outro indício de sua incompetência. Aconselhei-o a aceitar a perda, fazer o que pudesse para se reerguer financeiramente e perdoar-se por qualquer falta cometida. Isso foi possível graças à confiança em minha visão intuitiva do futuro.

Teste a Sua Intuição

Sua intuição e sentimentos com respeito à solução constituem o ponto de partida para uma visão preliminar, graças ao qual você conseguirá avaliar se, e quando, outras peças se encaixarão. A fim de testar sua visão preliminar e promover discussões sobre ela entre os partícipes, faça as seguintes perguntas:

1. *A visão preliminar se harmoniza com as visões de todos?* Descubra logo no começo quais são elas.

2. *A visão preliminar leva em conta todos os interesses envolvidos?* Cada qual tem seus próprios interesses e preocupações, que devem ser respeitados na solução.

3. *O que está precisando de correção e ajustamento?* Até que ponto sua visão está desfocada? Como a solução deverá ser modificada para acomodar elementos que você não levou em conta? Se a visão de alguém não coincidir com a sua visão preliminar, você talvez precise alterar sua expectativa. Terá de compreender as outras visões e iniciar o processo educativo

que propiciará a todos reconhecer a sabedoria e os benefícios de perspectivas diferentes.

4. *Que dizem os outros sobre a viabilidade da sua visão preliminar?* Se você escutá-los, saberá se sua visão é ou não exeqüível. O que eles disserem revelará quais as modificações necessárias e quais os pontos obscuros que precisam ser esclarecidos.

5. *Que preocupações ou medos a sua visão preliminar desperta?* Essa é outra maneira de descobrir o que está faltando em sua visão porque medos ou preocupações muitas vezes se originam de informação incompleta. Que outras informações você deverá transmitir para que os outros digam "sim" ao resultado que planeja? Os vendedores entendem isso como "manipulação de objeções".

6. *O que ou quem está faltando?* A situação pode exigir informação adicional importante ou a convocação de uma parte ausente. Certifique-se de que o que falta seja introduzido na situação.

7. *O que precisa ser aprendido ou descoberto para testar a sua visão?* Haverá algum teste que precisa ser feito ou alguma premissa que precisa ser validada? Que ação deverá ser empreendida para chegar a isso? Talvez o conflito se origine de informação incorreta.

8. *Você está à vontade para avançar?* Depois de partilhar sua visão e ouvir tudo o que se disse até o momento, você e as outras partes se sentem à vontade para prosseguir? Você se acha pronto para dar o próximo passo sabendo apenas o que sabe? Tem certeza de que poderá alcançar a solução?

9. *Quem mais tem idéias ou sugestões sobre alguma coisa que se disse?* Mesmo que você já tenha uma visão que considera brilhante, vale a pena ouvir e continuar ouvindo novas opiniões. Ouvindo o que os outros ainda têm a comunicar, poderá aprender algo valioso devido à maneira como apresentam a informação ou à sua disposição para examiná-la. O importante é continuar investigando pelo maior tempo possível.

Soluções que ajudei a encontrar como advogado, mediador ou consultor muitas vezes brotaram da visão clara que eu tinha dos resultados. Não se tratava de resultados que me beneficiariam, mas que julgava justos para todos. Essa premissa sempre orientou as minhas ações e eu estava pronto para aprender por que ela não seria viável. É para determinar essa viabilidade que fazemos as perguntas acima.

O Enfoque no Consumidor

Sharon falou com Caleb a respeito de suas graves preocupações com o sistema de computador que ele instalara na semana anterior. O sistema fora concebido para introduzir o hospital de seiscentos leitos no século XXI. Caleb era o chefe dos vendedores e também o responsável pela instalação. Liderava a equipe, que contava com representantes de outras áreas da empresa. Sharon era a administradora do hospital. O novo sistema decepcionara até o momento.

Acontecera o que Caleb mais temia. Há um mês os membros de sua equipe vinham-se desentendendo. Cada departamento tinha certeza de que *seu* método de instalar e reparar o sistema era o *certo*. As seções não estavam preocupadas com o funcionamento do sistema; apenas resguardavam seus estreitos interesses e não queriam ser criticadas pelos problemas. Mesmo tendo Caleb convocado reuniões para advertir que o hospital e as vidas de seus pacientes constituíam o objetivo principal, os membros da equipe não punham de lado seus interesses pessoais para chegar a um consenso quanto ao melhor caminho a seguir.

Embora seu emprego estivesse por um fio, Caleb se sentiu obrigado a recorrer ao vice-presidente da divisão, Scott Branch. Scott, por sua vez, convocou todos os chefes de seção a fim de resolver os problemas. Vidas corriam perigo. A situação tinha de ser superada. E depressa! Em uma hora a equipe se reuniu. Caleb passou a Scott todas as informações enquanto aguardavam a chegada dos outros. Scott deu início à reunião dizendo que sua preocupação eram os consumidores, os pacientes; o seu negócio era salvar vidas e fazer com que as pessoas se sentissem bem. Queria que o sistema funcionasse perfeitamente. Comportou-se como mediador e motivador, jamais apelando para sua autoridade.

Scott passou algum tempo desanuviando a atmosfera. Pediu a todos os participantes que se aproximassem daqueles com quem estavam enraivecidos. As conversas que se seguiram não foram nada agradáveis, mas fizeram com que todos ultrapassassem seus quadros de referência egoístas, seu desprezo pelos colegas e sua antipatia por outros departamentos.

Mantendo sua visão de solução, Scott atacou todas as facetas do problema. Estabeleceu um procedimento para avaliar cada aspecto e escolher um plano de ação. À medida que os problemas eram apresentados, os chefes de seção davam seu parecer sobre a melhor maneira de solucioná-los. Chegaram a um denominador comum quanto ao melhor caminho a seguir. Já agora todos tinham passado além de seus acanhados interesses e se concentravam no consumidor. O "jogo" de cada um não era mais estar com a razão e sim descobrir uma solução criativa.

À 1:00 um curso de ação fora estabelecido; às 2:00, as equipes estavam a postos para implementá-lo; às 4:00, milagres começavam a acontecer; às 6:00, o sistema se achava sob controle; e às 8:00, tudo funcionava dentro dos limites aceitáveis das especificações prometidas. A fonte da solução fora a clara visão de Scott de um sistema em perfeito funcionamento.

Harmonize Sua Visão e Expectativas

Minha irmã estava na iminência de divorciar-se após mais de vinte anos de casamento. Quando as coisas começaram a piorar, resolvi interferir. Tinha em mente uma solução razoável. Estando intimamente envolvido e sabendo que um processo de divórcio pode enveredar por caminhos difíceis, eu estava certo de que a situação seria resolvida com facilidade. Mas estava errado!

A bagagem emocional era pesada demais para a solução razoável que eu vislumbrava. Não, não é bem isso: a solução coincidia com a minha visão, mas a maneira de "chegar lá" do casal era muito diferente. O resultado foram inúmeras audiências, idas incontáveis ao tribunal e conversas caras ao telefone com os advogados.

Procurei lembrar-me do que fazia no início de minha carreira de advogado. Na maior parte das situações, temos uma série de fatos e um contexto definido, que inclui as pressões jurídicas e ambientais. Esses são dados que não mudam. Aos fatos e ao contexto, acrescente-se o conjunto de expectativas individuais, pessoais. O profissional pouco influi no contexto ou nos fatos, que sugerem um leque de resultados previsíveis. A área que pode ser afetada são as expectativas das pessoas. Sempre procurei afetá-las porque sabia que a discrepância entre expectativa e resultados é o que mais engendra infelicidade.

Como mediador e consultor, costumo acatar essa realidade. Se harmonizarmos visão e expectativas, os resultados serão sempre satisfatórios.

Resumo

A visão preliminar da solução comumente surge depois que cada um teve a oportunidade de contar a sua história. Acredite em sua intuição quando a visão lhe parecer um bom ponto de partida para iniciar o diálogo. Se você estiver envolvido no conflito, certifique-se de que sua visão contempla as preocupações de todos.

Reflexões

Reflita numa situação que o aborrece. Se levar em conta as preocupações de todos e "vestir a camisa" deles, qual será em sua opinião o resultado justo? Precisa fazer alguma coisa para transformar a visão em realidade? Pois então faça-a!

SOLUÇÃO
Conflito
Atitude de Solução
Contar a Própria História
Visão Preliminar
Tornar-se Atualizado e Completo
Nova Visão: Acordo em Princípio
Novo Acordo: A Visão em Ação

Capítulo 18

PASSO 4

Torne-se Atualizado e Completo

Aquele que não pode perdoar seus semelhantes derruba a ponte que ele próprio terá de atravessar; pois todo homem precisa de perdão.
— *Lorde Herbert*

Tornar-se Atualizado e Completo é um passo crucial no modelo de solução; mas, antes de analisar o "como" do processo de completude, cumpre entender de que modo ele favorece o processo de solução.[16]

Objetivos do Processo de Completude

Muita coisa é revelada por nós e para nós durante o processo de completude. Em nosso íntimo, dão-se movimentos que ajudam a encontrar um consenso. Às vezes, nos apegamos a uma visão preliminar porque acreditamos que determinada posição seja correta. No entanto, após o processo de completude, a situação pode-nos parecer diferente. Se você compreender que os outros envolvidos não são o inimigo, que provavelmente aspiram ao mesmo resultado geral, e que sua perspectiva e postura são legítimas ainda que você não concorde com elas, a solução se tornará possível.

O processo de completude favorece inúmeros objetivos importantes.

Abertura

A finalidade primária da abertura é garantir que cada qual exponha toda a informação que tem sobre o caso. O processo gera um quadro geral, com todos os diálogos internos e impactos emocionais decorrentes. Em contraste com a narração da história, o processo de completude envolve perguntas específicas destinadas a esclarecer os sentimentos e emoções referentes à história.

Tanto nos negócios quanto nas situações pessoais, é necessário que todos os envolvidos participem autenticamente, se quiserem chegar a uma solução. Peço isso logo de início. Se ninguém estiver preocupado com autenticidade, para que perder tempo? Muitas vezes as pessoas receiam, especialmente nos negócios, que a abertura completa provoque conseqüências adversas. Num processo judicial, entretanto, você é obrigado a contar tudo, pois a informação sempre acaba "descoberta" pela parte contrária. A completude funciona melhor quando todos compreendem que os benefícios justificam o risco da vulnerabilidade e da abertura. De outro modo, você perderá produtividade em virtude de motivos ocultos e particulares.

Torne-se Atualizado

A segunda finalidade é revelada em nome do passo — completude. O passado se atualiza para que você possa avançar rumo ao futuro. Você disse tudo o que havia para dizer sobre o assunto até o momento. Toda a garrulice interior veio para fora. Agora você pode declarar que o caso está à sua frente. Agora você pode esboçar os elementos específicos do novo acordo, que governará o relacionamento no futuro.

A Alquimia da Emoção

Em terceiro lugar, e mais importante, as perguntas do processo de completude garantem que você vá fundo em seus sentimentos e emoções quanto à situação. O processo permite um contexto seguro para você articular elementos altamente carregados. Durante o processo de completude, ocorre a "alquimia" da solução. As preocupações e vulnerabilidades dos "outros" vêm à tona. Você cruza o ponto, em sua continuidade interna, entre a ânsia de estar certo e o senso de compaixão pelo caso. O que chega à superfície é o natural desejo humano de levar em conta as preocupações de um sócio, amigo, colega ou parente, ainda que no momento se esteja em conflito com ele. A emoção compartilhada da vulnerabilidade torna possível um novo acordo e uma nova forma de colaboração que podem trazer-lhe os benefícios da expectativa original, se todos perceberem que isso ainda é possível. Tais coisas acontecem — entre colegas, sócios e cônjuges. O processo favorece o trabalho interior, essencial para se dar o próximo passo: o acordo em princípio.

Solte-se

Na alquimia das emoções, discutida acima, a passagem para o senso de compaixão no conflito é estimulada pela atitude de solução. Quando o mediador ou partícipe encarregado do processo de completude assume a atitude de solução superando interesses pessoais como vencer e estar certo, todos se beneficiam. Eis por que a atitude de solução consubstanciada nos dez princípios é tão importante.

Além de ser um partícipe, você poderá tornar-se um guerreiro — um paladino da solução. Já possui sabedoria e experiência para ver a solução tomando forma e, com delicadeza, guia os outros e você mesmo para aquele ponto. Se continuar de mente aberta, poderá levar os outros à solução, mesmo que não seja exatamente aquela que imaginava. Todos aprendem sobre a situação atual e seus sentimentos mais profundos em relação a ela. Quanto mais autêntico, dedicado e honesto você for ao refletir sobre o que está sendo dito, mais satisfatório será o resultado.

A completude exige que você vista a camisa dos outros. Essa é a chave para alcançar a solução. Ela se sobrepõe ao processo de completude.

O Processo de Completude

O que se segue é uma descrição do processo e dos passos a serem dados no diálogo. A cada passo, todas as partes falam até que nada mais reste a dizer. Isso funciona melhor quando feito em ritmo vivo, dizendo-se logo o que passa pela cabeça, sem a preocupação de filtrar ou sair-se bem. Não há discussão, apenas fala e audição. A honestidade é essencial. O objetivo é experimentar uma sensação saneadora de relaxamento.

Embora eu discuta os passos específicos como se fossem administrados por um mediador, o processo pode ser conduzido por um participante e, mesmo, ser auto-administrado para uso em conflitos interiores. Por isso, sugiro que você fale em voz alta para poder ouvir o que está dizendo ou registre suas palavras num diário.

No processo de completude, os passos podem ser dados segundo duas opções. A Opção 1 é melhor para relacionamentos mais íntimos (parceiros de longa data, colegas próximos, casais ou membros da família) e quando houver o desejo ou a necessidade de dar seqüência a um relacionamento duradouro. A Opção 2 destina-se a contextos mais formais de negócios. As declarações e perguntas específicas a serem respondidas para cada opção são listadas abaixo e seguidas de material explicativo. Esse material pode ser transmitido aos participantes literalmente ou em forma de paráfrase. Depois que cada pergunta for respondida, crie mentalmente um "arquivo" para conservar a conversa. Mais tarde, poderá "salvar" ou "apagar" esse arquivo.

Opção 1 — Para Relacionamentos Íntimos ou de Longa Data

Declaração. *Se você está pronto para visualizar um novo acordo em prol de seu relacionamento futuro, atualize esse relacionamento.*

É essencial que você se dedique ao futuro e participe plenamente do processo. Quanto mais profunda e vulnerável for a sua abertura, mais fácil será chegar à solução. É importante ouvir atentamente os outros e a você mesmo. Compreenda que eles vivem uma realidade diferente da sua. O que dizem talvez não seja "a verdade", mas é a verdade *deles*. Não responda ao que está sendo dito nem o discuta. Apenas fale ou escute.

1. O que funcionou no relacionamento, parceria ou sociedade?

Você deve dizer tudo o que funcionou no relacionamento. Isso o forçará a examinar e evocar melhores tempos — os aspectos do relacionamento que foram produtivos e satisfatórios. A visão do outro como inimigo se dissipa quando você se concentra naquilo que funcionou. Torna-se então capaz de valorizar o relacionamento passado e a pessoa do "outro".

2. O que não funcionou?

É importante ouvir as pessoas dizerem o que não funcionou. Numa atitude de reflexão e tranqüilidade, comece a tornar-se responsável por sua participação no fracasso. Logo perceberá que deveria ter agido de modo diferente, que seus atos violaram os padrões ou interesses da outra pessoa e que novos atos são possíveis. Isso é útil para o futuro do relacionamento, bem como para o seu próprio crescimento e aprendizado.

Em algum ponto dos dois próximos passos, a solução interna se manifestará! A cólera e o egoísmo não podem ocupar o mesmo espaço com o perdão e a gratidão! Você terá de lutar muito para aceitar a solução.

3. A quem é preciso perdoar e por quê?

A finalidade dessa seção é ajudá-lo a livrar-se da raiva que o domina. Perdoar os outros e a você mesmo ajudá-lo-á a romper as amarras do passado. Estará então livre para caminhar rumo ao futuro. Não bastará dizer as palavras, mas a declaração já é um excelente começo.

4. A quem é preciso agradecer e por quê?

Esta parte do processo irá ajudá-lo a enfrentar o fracasso, e a respeitar e legitimar os outros. Você se sentirá forçado a reconhecer o valor trazido por eles. É difícil continuar alimentando a raiva e se queixando quando se adota uma atitude de gratidão pelo que os semelhantes fizeram. Todos devem perdoar-se e agradecer a si mesmos!

5. Que mais você precisa dizer a fim de estar suficientemente completo para afirmar: "Hoje é um bom dia para morrer"?

Essa é uma base que proporciona a oportunidade de dizer tudo o que não foi dito. Fazia parte do ritual lakota da "bênção do guerreiro". Antes que um bando partisse para a guerra, o homem santo perguntava a cada um dos guerreiros se aquele era um bom dia para ele morrer. Se respondesse "sim", estava em condições de lutar, de ir diretamente em frente.

6. Você tem algo a exigir?

Isso serve a dois propósitos. Assuntos importantes, que necessitem de atenção imediata, podem ser examinados, iniciando-se assim uma nova coordenação. Em segundo lugar, as novas exigências levam você de volta à ação juntamente com os outros, demonstrando que, por pior que tenha sido, sua humanidade comum lhe permite concentrar-se nas preocupações atuais e evitar futura deterioração ou perda. Na história dos dois irmãos, exigiu-se partilha de informações contidas nos arquivos dos clientes, para que o negócio pudesse progredir.

7. Declare que o conflito já está atualizado e completo! Você tem de dizer isso!

A declaração de que o conflito pertence ao passado presta-se a uma finalidade crucial. Você pode agora estar presente com os outros e ter a oportunidade de esboçar o futuro. Sem dúvida, haverá um resíduo de emoções, crenças e sentimentos passados que apenas o tempo calará, mas você fez as coisas acontecer pela força de sua própria declaração. Aderiu a uma perspectiva mais útil.

8. Que é a nova era? A nova era é...

Isso lhe permite dar nome à nova era e anunciar qual será o seu futuro relacionamento. De uma declaração ampla de intenções quanto ao que será esse relacionamento surgirão os elementos específicos que integrarão o novo acordo.

Opção 2 — As Outras Situações

Há uma maneira mais "empresarial" de fazer perguntas bem parecidas com as da Opção 1. As mesmas notas explicativas se aplicam.

1. O que se revelou mais eficiente no acordo original? O que funcionou?

2. O que foi ineficiente? O que não funcionou?

3. O que você pode dizer, em termos compassivos, das falhas ou incompetência dos outros participantes? (Perdão).

4. O que você pode dizer, em termos de respeito, das outras pessoas, sua competência, contribuição e conduta no caso? (Agradecimento).

5. Supondo-se que jamais terá outra oportunidade para falar sobre o assunto, que mais gostaria de dizer?

6. Deseja solicitar alguma coisa?

7. Declare que o caso está encerrado!

8. Que é a nova era?

O Processo de Completude em Ação

Durante o processo de completude, cada um dos dois irmãos abriu uma janela para o coração e a mente do outro. O perdão e o respeito apareceram quando deixaram à mostra o resíduo daquilo que se rompera. Esse resíduo forneceu a matéria-prima para o tecido de uma nova parceria. Foi um vínculo diferente, forjado e temperado no calor da adversidade, e resfriado na catarse e na comunicação.

Esse é um processo sagrado. Grande honra é orientar e assistir pessoas em relacionamentos destruídos. Fico surpreso com o que pode suceder quando essas pessoas se empenham sinceramente em abrir o coração, perdoar e esquecer o passado. Eis algumas histórias que ilustram a eficácia do processo.

Completude numa Sociedade

Moriah e Bob eram sócios. Haviam erguido com esforço próprio sua empresa de consultoria. Seu trabalho inovador no desenvolvimento de potencial humano estava para garantir-lhes o reconhecimento nacional. Os clientes — pessoas e firmas — gostavam deles e de seu desempenho. Mas eles eram humanos! Em seu relacionamento, os padrões psicológicos pessoais vinham à superfície. Nutriam ressentimentos mútuos. Deixaram de comunicar-se. O que parecia um grande casamento de negócios ia-se transformando num pesadelo. A atmosfera do escritório afetava seu trabalho, seus rendimentos e o próprio futuro do negócio.

Chegaram a um ponto no relacionamento em que era preciso desanuviar essa atmosfera — ou ir em frente com um novo nível de compreensão ou separar suas vidas profissionais. Conheciam o processo de completude. Sugeri que saíssem juntos uma tarde para melhorar o clima. A conversa não seria nada fácil: empenho árduo e honestidade emocional eram necessários. Mas, do sofrimento, emergiram como uma parceria mais forte. Perceberam que tinham a mesma visão de futuro. E perceberam também que o que os estava desequilibrando não eram as ações do outro, mas suas próprias reações a "fantasmas" do passado.

A coragem de manter uma conversa em "tempo real" recolocou sua colaboração em terreno firme. Esboçaram uma nova base para seu relacionamento profissional firmada na verdade do momento. Concordaram em passar por um "processo de completude" a cada seis meses, por melhor que as coisas estivessem indo. Hoje sua sociedade é sólida. Toda vez que se completam, liberam sua criatividade para o próximo nível.

A ruptura de relacionamento que ocorreu com Moriah e Bob é comum em todas as parcerias pessoais e de negócios. Aquilo que percebemos no mundo exterior é reflexo de todas as nossas experiências anteriores. Nem sempre nos tornamos conscientes do impacto que isso tem em nossa "realidade" atual. Nosso passado, entretanto, é fonte de inúmeros conflitos.

Completude numa Empresa de Alta Tecnologia

Há alguns anos, apresentei a "tecnologia" da solução à comissão executiva de uma empresa de tecnologia em fase de crescimento. Os membros ficaram convencidos de que poderiam economizar grande quantidade de energia produtiva se aprendessem a lidar com os conflitos. Os executivos estavam fascinados com o método. Adotaram o processo de completude como parte de sua prática administrativa corrente. Agora todas as equipes se reúnem quatro vezes por ano para certificar-se de que nada capaz de desviá-las da produtividade deixou de ser aventado.

Completude numa Família

Jerry e Lenore brigavam — para estar certos, para ficar no controle, para vencer, para abrir caminho. A vida era assustadora, ainda que se amassem profundamente. O que sucedeu depois foi muito melhor do que o filme mais absorvente a que jamais assisti. Observei duas pessoas passando da cólera intensa à intensa compaixão. Conversando sobre o que funcionara em seu relacionamento, reconheceram a contribuição que haviam dado um para o outro. Falando de perdão, perdoaram-se a si mesmos pela raiva que alimentaram e por não terem percebido até que ponto haviam sido insensatos. Perdoaram-se um ao outro por sua cólera.

Quando examinaram a gratidão, perceberam quanta coisa valiosa tinham criado — dois filhos maravilhosos, uma casa, um círculo de amigos e uma empresa que dava trabalho a vinte pessoas. A raiva se diluiu em amor e o medo se transformou em possibilidade logo que decidiram reinventar seu relacionamento. Hoje estão muito bem, como parceiros e como sócios. Saíram do processo de completude com a capacidade de vivenciar a alegria, o humor e o gênio criativo que os haviam unido. Chegaram à fonte de sua atração original.

Completude na Minha Família

No ano passado, resolvi modificar o relacionamento com meus pais. Como acontece nas relações entre pais e filhos, eu estava arcando com o fardo de uma vida sufocada pela dedicação deles. De resto, tinham sido ótimos pais, sempre fizeram o melhor possível em cada ocasião. Passar pelo processo de completude não foi fácil, mas acabou-se revelando satisfatório. Adquiri um senso de liberdade que a maioria das pessoas só tem quando os pais se vão. Aquilo completou a parte de nosso relacionamento que me mantinha no conflito próprio à dinâmica entre pais e filhos. Agora tínhamos uma base construída sobre interesses comuns. Liberei-os da necessidade de serem protetores e ganhei autonomia emocional.

Resumo

Trazer todos para o momento presente é parte essencial da solução. O processo de completude promove a vulnerabilidade na situação. A conversa estruturada revela sentimentos, esvazia emoções e faz com que vistamos a camisa dos outros. Denuncia a perda e o desapontamento das esperanças irrealizadas. Fornece o contexto no qual as pessoas se mortificam, esquecem o passado e começam a esboçar o futuro.

Reflexões

Pratique o processo de completude três vezes: a primeira com você mesmo, quanto a uma esfera de sua vida que deseja mudar; a segunda com um parente; e a terceira com um colega de trabalho. Qual o valor disso para você? E para eles? Pelos próximos três dias, dê um fim a tudo o que o perturba. Observe as mudanças em sua atitude.

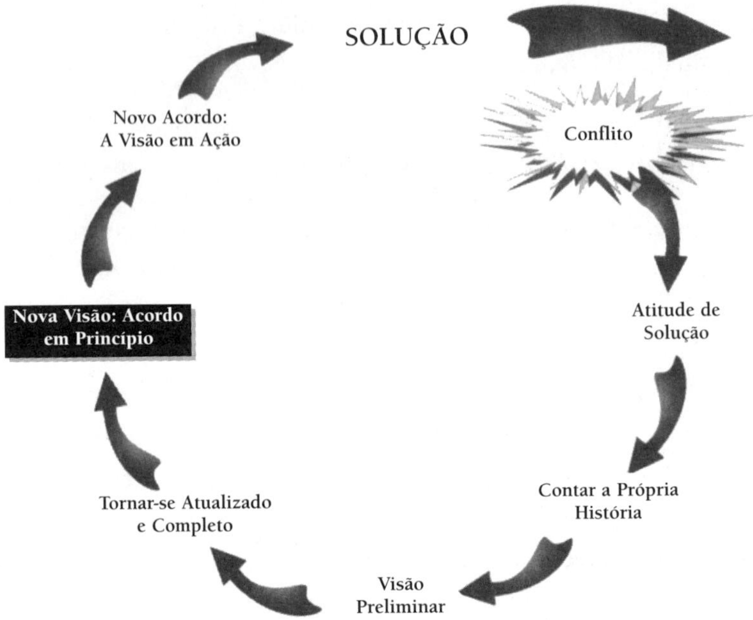
SOLUÇÃO
Conflito
Atitude de Solução
Contar a Própria História
Visão Preliminar
Tornar-se Atualizado e Completo
Nova Visão: Acordo em Princípio
Novo Acordo: A Visão em Ação

Capítulo 19

PASSO 5
Consiga um Acordo em Princípio

Se os homens considerassem, não aquilo em que diferem, mas aquilo em que concordam, haveria menos maledicência e ódio neste mundo.
— *Addison*

Isso já aconteceu centenas de vezes: uma das partes do litígio antecipado telefona, receando o pior, suspeitando de dinheiro escondido, imaginando quem venceria, quem perderia e quais seriam as conseqüências da disputa judicial. Essas pessoas ficam espantadas quando descobrem que, afora a emoção da transição, o processo pode ser relativamente indolor. Se você estabelecer um acordo em princípio, de fato tudo pode ser fácil.

Desenvolvendo um acordo em princípio e uma ampla compreensão da solução, conseguimos manter o ímpeto gerado pelo processo de completude.

Eis algumas das perguntas em que você deverá refletir para sustentar o movimento rumo a um acordo:

1. Após o processo de completude, a visão preliminar ainda continua em mira?
2. Em que ponto a visão preliminar deverá ser modificada para se chegar a um acordo em princípio?
3. A visão preliminar é coisa do passado? Você deverá começar do zero, com base no que foi articulado durante o processo de completude?

O presente capítulo discute várias técnicas de resposta a essas perguntas, que conduzem o processo a um acordo em princípio.

Balões de Ensaio

O ato de contar a própria história e passar pelo processo de completude fornece a você uma idéia mais clara do rumo da situação. Agora pode soltar alguns "balões de ensaio" para descobrir se realmente tem uma base sólida para um novo acordo. Findo o processo de completude, estimule o debate com perguntas sobre assuntos como:

Companhias — Há razões de natureza empresarial para se trabalhar em grupo?

Colegas — Eles continuarão a trabalhar juntos?

Sociedades — Continuaremos a ser sócios no empreendimento?

Executivos — Têm eles uma base para uma visão conjunta?

Litígio — Aceitamos a queixa ou recorremos aos tribunais?

Queixas trabalhistas — Quererá um empregado conservar seu emprego?

Divórcio — Os cônjuges desejam brigar na justiça ou resolver tudo amigavelmente?

Uma ligeira variação do uso de balões de ensaio é sugerir alguma coisa. A frase "O que você acha da idéia de...?" funciona bem. Ela abre a discussão colocando a bola em jogo. Os outros poderão então apanhá-la e suas respostas darão a você uma idéia da posição de cada qual no processo. A abertura faz com que todos planejem a solução.

Vamos por Partes

Obtêm-se acordos em princípio com mais facilidade quando se vai por partes, na convicção de que "nada está combinado até tudo estar combinado". Muita gente só se sente disposta a assinar um acordo quando este é gravado em pedra. Você pode então negociar. Nas disputas empresariais, o que quero saber primeiro é se e como as pessoas poderão continuar trabalhando juntas. Em caso de divórcio, gosto de deixar claro desde o começo quem ficará com a guarda dos filhos, como se fará a divisão dos bens e se haverá pedido de pensão.

Dinâmica de Grupo e Pessoas Difíceis

Durante as conversas entre os participantes, quando você se encaminhar para um acordo em princípio, lembre-se de que a dinâmica de grupo está envolvida. As pessoas precisam sentir-se à vontade quando trabalham juntas de uma maneira nova. Elas têm níveis diferentes de percepção, de habilidades inter e intrapessoais. Pode haver exibicionismo no começo. Mesmo com boas intenções e com os mesmos resultados em mente, as dinâmicas pessoal e de grupo são fatores com os quais você terá de lidar. Às vezes, as pessoas precisam ir além de sua insegurança e seus medos. Convém ventilar esses sentimentos como preliminar ao processo de solução como um todo, sem esperar a fase do acordo em princípio.

Existem personalidades difíceis. Elas aparecem em todas as formas e tamanhos. Fique alerta para a hostilidade e as formas em que ela se manifesta: indecisão, queixa, negativismo, silêncio, arrogância e subserviência. Há todo um corpo de conhecimentos e informações a que você terá de recorrer para encarar as facetas problemáticas da personalidade humana.[17] Consulte-o quando seu senso comum não funcionar.

O Princípio da Irresistibilidade

O princípio da irresistibilidade é um bom recurso para alcançar um acordo em princípio. Em quase todo conflito ou projeto novo, você consegue esboçar o resultado desejado de um modo que as pessoas envolvidas achem irresistível: elas só podem dizer "sim". Um bom exemplo é o quadro irresistível em que minha ex-esposa inseriu nosso acordo de divórcio. Na época, éramos ambos advogados praticantes. Eu queria, no começo, agir como advogado no caso, mas um dia ela me chamou e disse: "Passamos muita coisa juntos, nossa amizade é muito importante e nada menos que um desfecho honroso fará justiça ao nosso relacionamento. Vamos resolver tudo como bons amigos e preservar a dignidade daquilo que compartilhamos".

As lâmpadas se apagaram. Não era possível resistir a essa proposta. Era, se refletíssemos bem, o caminho óbvio a escolher. Infelizmente muitas pessoas, por não disporem de um modelo melhor, escolhem o que pensam ser o modelo único: a disputa judicial.

Os dois irmãos tinham diante de si dois resultados a que também não podiam resistir: a fraternidade e a recusa de ir à justiça. No início do conflito, nenhum deles pensava em preservar a família. Muitas vezes, a parte principal da solução consiste em reequacionar o problema. Pedir às pessoas que olhem para trás em seu "leito de morte" é uma boa maneira de abrir o diálogo. Pergunte-lhes qual resultado gostariam de obter e como se sentiriam se o obtivessem. Eis aí uma ferramenta das mais úteis.

Teste da Exeqüibilidade Constante

O teste da exeqüibilidade constante constitui recurso importante para se chegar à solução. Assegure-se sempre de que todos estão a bordo e empenhados no trabalho. Examine as grandes e pequenas objeções. Isso o manterá em movimento. Não pare de perguntar!

Não Existe um "Caminho Certo"

Quer-se certificar de que está agindo direito? Pois você pode! Se multiplicar o número de conflitos pelo número de pessoas que anseiam por um bom acordo, obterá o número de caminhos certos para realizar seu trabalho. A eficiência na obtenção de resultados desejados é questão de intenção positiva e confiança nos próprios instintos. O caminho certo é aquele que, a seu ver, irá funcionar. Muitas vezes, só terá de "sondar" o caminho. O modelo de solução de conflitos é a base sobre a qual construirá sua própria obra de arte. Todos nascemos com a maioria das habilidades de que necessitamos!

Alívio e Excitação

Um bom indicador nesse passo do modelo é seu grau de alívio ou excitação quanto a alcançar um acordo em princípio. Passar do acordo em princípio ao acordo final é tarefa mais fácil do que o trabalho emocionalmente exigente feito até aqui. O obstáculo principal é chegar a um acordo em princípio após realizar um profundo trabalho emocional. Quando você tem um acordo básico, consegue respirar mais facilmente. Todos estão agora na mesma equipe. Essa é a finalidade do processo de completude.

Vale a pena observar um acordo em princípio sendo fechado. As pessoas compreendem que não precisam brigar. Tenho visto a tensão se esvair do rosto de sócios, de consumidores insatisfeitos, de cônjuges em disputa, de vizinhos rixentos, de equipes de executivos, de empresas e seus funcionários. Isso confirma que, mesmo tendo sido treinados para querelar, no fundo não desejamos fazê-lo.

Resumo

Em princípio, o acordo é uma forma elegante de contornar o problema e constitui um grande passo rumo à solução. É como estar no alto de uma rampa de esqui. De lá, podemos deslizar até a base da montanha, mas dominando a situação. O segredo é chegar ao acordo graças a uma compreensão ampla e tornar as coisas irresistíveis.

Reflexões

Pratique o princípio da irresistibilidade observando algumas situações que considera difíceis. A que sugestão sua todas as pessoas, inclusive você mesmo, dirão "sim"? Apresente o que supõe ser irresistível com a pergunta: "Que pensa sobre...?"

SOLUÇÃO
Conflito
Atitude de Solução
Contar a Própria História
Visão Preliminar
Tornar-se Atualizado e Completo
Nova Visão: Acordo em Princípio
Novo Acordo: A Visão em Ação

Capítulo 20

PASSO 6

Elabore o Novo Acordo

Os relacionamentos pactuados induzem à liberdade, não à paralisia. Um relacionamento pactuado repousa no compromisso comum com idéias, soluções, valores, objetivos... Palavras como amor, carinho, química pessoal são decerto pertinentes. Os relacionamentos pactuados estão abertos a todas as influências.

— *Max DePree,* Leadership Is an Art[18]

A solução se apresenta quando você tem uma visão compartilhada do futuro. As coisas intoleráveis ficam no passado. Uma vez que o conflito já não existe em sua vida, você deixa de pensar nele. No passo do acordo, do modelo de solução, articulam-se as soluções inovadoras que todos os envolvidos sugerem em conjunto. Isso dá corpo ao acordo em princípio. Ao longo do processo, cria a confiança que elimina o conflito ou, no caso de novo relacionamento, faz com que se comece de uma base sólida. Como chegar ao acordo — sexto passo do modelo de solução — é o tema deste capítulo.

A Força do Acordo

Quando você reflete sobre acordos, provavelmente imagina negociações difíceis e muita papelada legal. Procura proteger-se dos "e se..." da situação. Uma forma melhor de definir *acordo* é: (1) uma visão conjunta; (2) o produto de um processo de solução de conflitos eficiente; ou (3) a base para uma nova equipe, sociedade ou relacionamento bem-sucedido.

Essa definição é verdadeira para seus sócios, cônjuge, parentes, colegas, equipes de trabalho, empresa, funcionários e clientes.

Os acordos definem o modo como você coordena as atividades de pessoas que trabalham juntas — o modo como colaboram. E a colaboração é a base de qualquer empreendimento. A colaboração bem-sucedida é como a dança, embora às vezes tenhamos idéias diferentes sobre os passos a dar. Essas diferenças podem conduzir a uma maior sinergia ou ao desentendimento. Criar sinergia e resultados excelentes depende de acordos claros. Os acordos eficientes expressam visão conjunta, um mapa para se chegar a resultados. A arte de elaborar bons acordos aumenta a probabilidade de obter os resultados desejados.

As Leis do Acordo: Por Que os Acordos São Importantes

As seguintes leis do acordo explicam, de forma linear, por que os acordos são tão importantes no trabalho e na vida, e por que constituem a base para a coordenação, que é a essência da produtividade.

MÁS NOTÍCIAS	BOAS NOTÍCIAS
Você não foi treinado para elaborar acordos eficientes. Isso não fez parte de seu currículo escolar básico.	*Você pode aprender!*

1. A fonte da produtividade e da realização, em qualquer relacionamento, é a coordenação efetiva. Quanto mais estreita a coordenação, melhores os resultados.
2. Você coordena verbalmente fazendo acordos implícitos (dizendo a si mesmo o que pensa do acordo) e explícitos (discutindo o acordo com os demais).
3. Você vive e trabalha num “mar” de acordos.

4. Você nunca aprendeu quais são os elementos essenciais de um acordo eficiente.
5. Acordos claros expressam uma visão conjunta e o modo de chegar a ela.
6. Acordos claros aumentam as chances de satisfação. Estabelecem as condições que contentam clientes, consumidores, colegas, vendedores e parentes.
7. A prática capacita você a elaborar acordos de alto nível.
8. Não importa quão claro e completo seja o acordo, nem tudo será contemplado por ele — conflitos e desentendimentos surgirão.
9. Os fracassos não devem ser causa de alarme, pois são esperados. Os fracassos são um estímulo à criatividade.

O Domínio da Arte do Acordo

Cada um dos elementos que se seguem é parte essencial de um acordo eficiente. Use esses elementos como uma craveira para elaborar acordos. Se você descobrir outros elementos ou uma nova maneira de articulá-los, comunique-se comigo, por favor. O andamento do trabalho é que faz um acordo eficiente.

Convém que todos os envolvidos no processo tenham uma boa idéia de cada elemento; esse processo é muito importante porque com ele começa um novo relacionamento funcional.

Os elementos do acordo eficiente são os seguintes:

1. *Intenção* — O quadro geral daquilo que você tenciona realizar deve ser especificado. O primeiro passo de qualquer colaboração efetiva é compartilhar o esquema daquilo que todos estão fazendo juntos. Isso fornece a estrutura onde os detalhes serão inseridos.
2. *Visão específica* — Um empreendimento comum funciona melhor quando cada qual trabalha pelos mesmos objetivos específicos. Quanto mais claros forem os detalhes do resultado pretendido, maiores serão as probabilidades de alcançá-lo tal qual foi visualizado.
3. *Papéis* — Os deveres, as responsabilidades e a participação de cada um têm de ser claramente definidos.

4. *Partes necessárias* — Todos os que forem necessários para a consecução dos resultados desejados têm de fazer parte do acordo.
5. *Compromissos/Empenho na ação* — O acordo inclui compromissos claros, de modo que todos saibam quem fará o quê. Quando os compromissos são específicos, você pode determinar se os atos serão suficientes ou não para obter os resultados desejados.
6. *Tempo* — Todos os compromissos precisam ter prazos para que a tarefa se realize: "quando" você fará isto e "quando" fará aquilo. Cumpre especificar também a data em que o acordo passará a viger.
7. *Valor de troca* — Especifica quem dará o que em troca do quê. A troca é satisfatória? É justa? Proporciona o incentivo adequado? Isso precisa ficar bem claro, pois se alguém não ficar satisfeito sabotará a transação.
8. *Avaliação do grau de satisfação* — A prova de que todos alcançaram seus objetivos tem de ser óbvia, direta e mensurável para que não haja desentendimentos. Esse aspecto é importantíssimo porque elimina conflitos em torno da questão final: Você fez o que pretendia fazer?
9. *Preocupações e receios* — Trazer dificuldades tácitas à baila oferece a oportunidade de antecipar e minimizar os desentendimentos que você sabe irão surgir durante a colaboração. O diálogo aprofundará a solidariedade ou revelará que aquela não é uma parceria que você gostaria de integrar.
10. *Renegociação* — Por mais otimista e franco que você seja, será necessário renegociar compromissos e condições de satisfação. As circunstâncias mudam e você precisa acionar um mecanismo capaz de dar conta das novas condições. Se for realista nesse ponto desde o começo, conseguirá fazer com que o relacionamento evolua e prospere.
11. *Dissolução* — É preciso garantir a todos uma saída — uma estratégia de fuga que cada qual possa seguir com dignidade. Quem se sente aprisionado numa transação, sociedade ou relacionamento não dará o máximo de contribuição ao empreendimento.
12. *Conseqüências* — Embora você não deseje policiar o acordo, é

necessário estabelecer as conseqüências que advirão para quem romper o compromisso.

13. *Solução de conflitos* — Reconheça que conflitos e desentendimentos sempre surgem quando as pessoas trabalham juntas. Se compreender isso, adotando uma atitude de solução e um processo que conduz a novo acordo, a solução de conflitos será mais fácil.
14. *Administração* — Alguém terá de supervisionar o projeto, assegurar que o acordo seja respeitado e velar para que os resultados pretendidos sejam alcançados. Embora essa seja uma responsabilidade de todos, convém escolher um administrador.
15. *Consenso* — Todos devem estar satisfeitos e prontos para agir. Trabalhe no acordo até concluir se ele existe ou não. A menos e até que esteja satisfeito, não parta para a ação: não terá um projeto comum pelo qual trabalhar.
16. *Alegria* — Empenhe-se em visualizar o futuro como uma nova oportunidade para alegrar-se. Essa atitude "lubrifica" a colaboração. O riso torna agradável aquilo que às vezes é um mundo impiedoso. Se você não achar que a colaboração será agradável, para que se envolver?

As Três Fases do Acordo

Enquanto estiver aprendendo a trabalhar com os elementos do acordo, lembre-se destas três fases distintas:

1. *O processo de acordo* — São as séries de conversas nas quais você fala sobre cada um dos elementos. Seguir o processo permite que você determine se há confiança e visão compartilhada. Caso haja, poderá declarar que o acordo realmente existe.
2. *O fenômeno do acordo* — Completado o processo de acordo, você deverá ter em mãos uma visão compartilhada. Então, corações e mentes estarão unidos numa aliança cujo objetivo é produzir certos resultados. Se o fenômeno do acordo estiver presente, o acordo será confiável. Mas se achar que o fenômeno não se manifestou, você não estará pronto para ir em frente com o relacionamento.
3. *O artefato do acordo* — Estando presente o fenômeno do acordo, a

essência da aliança deve ser posta por escrito. Isso orientará a evolução do relacionamento.

Acordos em Lugar de Conflitos

Os dois irmãos constituem um exemplo clássico de como o processo funciona. Quando concordaram com a solução, elaboraram um acordo que expressava um novo relacionamento de trabalho: Tom ficaria com o negócio já existente e compraria a parte de Bill; Bill teria direitos exclusivos a uma área geográfica onde montaria uma nova empresa; e ambos se auxiliariam e aconselhariam para que cada qual se beneficiasse da experiência do outro. Deixaram para trás o constrangimento e a angústia. Cada um se enquadrou no novo contexto que articulara para seu futuro, demonstrando que a verdadeira solução de conflito é um novo acordo para o futuro.

O que aconteceu entre a IBM e a Fujitsu mostra como a criatividade produz novos valores onde outros só vêem conflito. A Fujitsu desenvolveu um sistema operacional para a IBM, que pretendia utilizá-lo em algumas aplicações. Surgiu então uma disputa em torno de direitos de propriedade. Em vista da possibilidade de milhares de processos individuais, o litígio sem dúvida manteria um exército de causídicos ocupado por décadas a fio. No entanto, foi obtida uma solução capaz de preservar o relacionamento graças a uma série de acordos de licenciamento cruzados. Em vez de acrimônia, ambas as companhias ganharam milhões em conseqüência do novo acordo.

Em outra solução, uma firma que abrira falência e devia mais de um milhão a um fornecedor convenceu este a prosseguir nos negócios; graças a novo acordo, a firma pagaria um prêmio por entregas futuras, a fim de cobrir o débito passado. Isso permitiria que o fornecedor se ressarcisse integralmente e que a firma saísse da bancarrota, recuperasse a viabilidade e preservasse os empregos de milhares de funcionários.

Novos acordos são especialmente importantes no caso de divórcios que envolvem filhos. É uma felicidade o casal compreender que a cooperação propicia aos filhos o benefício de dois pais e que os filhos só serão prejudicados se o conflito prosseguir. Estabelecer os detalhes para a participação de ambos os pais é o primeiro passo para uma nova forma de colaboração.

Quando você adota o novo paradigma, não precisa "processar" o conflito. Não tem de preocupar-se com determinar queixas, induzir culpas ou estar certo. Não precisa sofrer. Ao contrário, verá que a alegria e a produtividade surgem da coordenação com os outros e que a "dança" do acordo é o ponto em que a vida se torna rica e excitante. Desejará estar logo de volta à ação. Apenas estabeleça novos acordos e vá em frente. O conflito ficará no passado, superado pelo novo acordo. Essa é a minha visão.

A elaboração de acordos é uma prática que pode ser aprendida e dominada. Tente! Garanto que os resultados serão cada vez melhores.

Resumo

Conceber acordos efetivos é uma maneira elegante de obter uma visão compartilhada do futuro, tanto como passo final da solução de conflitos quanto como passo inicial de um projeto novo. Essa é uma técnica que você nunca aprendeu. As leis do acordo representam uma lógica simples que demonstra o valor do acordo em qualquer situação. Utilizando os elementos do acordo, você provoca o "fenômeno" do acordo, um relacionamento baseado na aliança.

Reflexões

Escolha uma pessoa a quem admira e com quem gostaria de trabalhar num projeto. Procure-a e, valendo-se dos parâmetros do acordo, entenda-se com ela sobre esse projeto. Faça a experiência em casa — elabore um acordo sobre uma área problemática e veja como o conflito desaparece no passado.

Capítulo 21

PASSO 7
A Solução

Solução é...

Solução é resultado.

A solução é a condição e os recursos de cada um depois que um conflito, disputa, desentendimento ou ruptura é posto de lado.

A solução induz todos a encarar seus próprios relacionamentos.

A solução devolve todos à produtividade e à coordenação.

A solução exige:

- Passar do conflito ao acordo funcional, um contexto dinâmico para a ação e a cooperação.
- Respeitar os interesses de todos.
- Empreender ações que anulem o conflito e seu impacto.
- Empenhar-se em relacionamentos duradouros.
- Superar as atitudes emocionais de todos.
- Fixar uma visão de futuro que evite recriminações, castigos e danos, reconhecendo-se ao mesmo tempo os valores alheios.
- Aceitar novas práticas essenciais para o êxito de relacionamentos duradouros.
- Querer aprender, ter coragem para mudar e compaixão para perdoar. A boa solução exige dos envolvidos a declaração de que:
- Venceram.
- Seus recursos foram otimizados pelo processo.
- Embora os conflitos e as rupturas sejam inevitáveis na vida, eles agora estão em melhores condições para enfrentá-los no futuro.

Este capítulo mostra como manifestar a visão encarnada na solução.

Manifeste os Resultados Que Deseja

Os cientistas, nos laboratórios de física quântica, descobriram que algumas partículas subatômicas só existem quando são observadas. É lícito concluir, pois, que o poder de observação (a atenção concentrada da mente consciente) consegue criar matéria no universo físico. Teremos todos o poder de trazer coisas à existência pelo pensamento? Esse fenômeno é mencionado nos livros do Dr. Deepak Chopra, físico e autor de *best-sellers*.[19]

O correlativo dessa premissa é que, quando temos um panorama claro daquilo que desejamos no futuro, os recursos necessários à sua concretização serão atraídos para a situação graças à força de nossa mente subconsciente. Isso foi explicado por Napoleon Hill no clássico *Think and Grow Rich*[20] e pelo Dr. Maxwell Maltz em *Psycho-Cybernetics*.[21]

Todo princípio, prática, modelo e história apresentados neste livro têm por finalidade principal liberar você para que obtenha os resultados e a realização pretendidos com um mínimo de esforço e o uso mais inteligente dos recursos. Chama-se a isso *manifestação*.

As Leis da Manifestação

O que se segue é a expressão linear da melhor maneira de manifestar sua visão.

1. Os pensamentos se manifestam sob forma física.
2. Adquira o hábito consciente de alimentar seu espírito com pensamentos que expressem a realidade em que gostaria de viver.
3. Expresse mentalmente a sua visão.
4. Seja bastante específico na sua visão do futuro.
5. Os acordos são instrumentos poderosos de manifestação, expressão de visão conjunta, produção de sinergia e aumento de valores.
6. Os acordos ajudam a gerar a satisfação de desejos materiais.
7. Ter consciência dos próprios pensamentos nos torna humanos.
8. Você pode escolher o que pensa!
9. Reflita sobre a Lei 1!

A Importância da Clareza e da Especificidade

Uma vez que seus pensamentos e visões se tornam reais no universo físico, a melhor maneira de explicar a importância de uma visão específica é contar uma história favorita.

Amy estava no âmago do desespero por causa da falência iminente de sua loja de automóveis, outrora florescente. Decidiu acabar com tudo. Foi para a praia, para um derradeiro momento de consolo e comunhão com a natureza. Avistou uma garrafa de formato sobrenatural, que com um brilho radioso encalhou na areia. Apanhou-a e, como estava na iminência de morrer, não teve medo de tirar a rolha. Para sua grande surpresa, um gênio grande e belo surgiu das entranhas da garrafa.

Quando ela lhe perguntou: "Quem é você?", o gênio declarou que fora enviado como um dom das forças do "bem", considerando-se a vida exemplar que Amy levava. Ele atenderia qualquer desejo de Amy desde que ela continuasse viva. Amy refletiu por alguns instantes e, embora cética, concordou com a condição. O gênio perguntou qual era o desejo dela. Amy respondeu que imaginava uma loja bem-sucedida de automóveis importados numa grande cidade. O gênio disse que, quando ela despertasse, essa visão já se teria tornado realidade.

Ao deitar-se, Amy continuava bastante cética, mas concluiu que nada tinha a perder. Sonhou com Hondas em San Francisco, Toyotas em Miami, BMWs em Nova York, Mercedes em Denver... Ao acordar, descobriu que o gênio cumprira a palavra. Amy estava em Istambul, numa loja de Fords novinhos em folha. Aprendeu então a importância de ser específica em suas visões!

Solução é Liderança

Nos últimos anos, tenho trabalhado com três modelos de liderança que especificam certo número de comportamentos de liderança. As características desses modelos condizem com os princípios e comportamentos discutidos neste livro.[22, 23, 24]

Há algum tempo perguntei a um especialista em liderança nacionalmente conhecido, Jim Kouzes: "Quando os líderes desistem, mudam de rumo ou compreendem que estiveram empregando mal os seus recursos?" Sem hesitar, Jim respondeu: "Eles não fazem isso. Não incriminam os outros, não desculpam um desempenho ruim, não desertam. Quando escolhem um curso de ação, sempre vão em frente, fazendo correções à medida que avançam, mas nunca voltando atrás."

A mesma tenacidade leva você à solução porque esta pressupõe a mesma capacidade e comportamento necessários a uma liderança eficiente. Você precisa compreender e respeitar os valores e realidades diferentes que cada um traz para a situação, mostrando-se grato por isso. Atribui a si mesmo autoridade para resolver questões a fim de que a ação e a produtividade persistam. Esclarece continuamente as ambigüidades à medida que a situação se desenvolve, de modo a criar um contexto de relativa certeza. Desenvolve uma visão instigante do futuro, capaz de dar propósito e significação às tarefas dos outros. Se agir como um solucionador, contribuirá para a sua própria identidade como líder. Esta será reconhecida pelas pessoas que trabalharem com você, pois é um indício de liderança.

Resumo

A realidade física é moldada pelos nossos pensamentos. Combiná-los com os dos outros para produzir uma visão compartilhada é um ótimo instrumento de liderança, que contribui para a obtenção dos resultados desejados. Isso se consegue graças ao poder e aos princípios de manifestação e solução. No final de um conflito ou no início de um novo projeto, será forte a solução gerada por um acordo claro e consensual. Ser líder é fazer com que as coisas aconteçam no mundo, e as características do líder excelente são as mesmas do excelente solucionador.

Reflexões

Pense em algo que você tem esperado da vida. Escolha alguém para ajudá-lo a conseguir isso. Faça um acordo com essa pessoa. Observe os recursos que surgem em apoio à sua visão. Tente a experiência em casa e no trabalho.

Capítulo 22

Como o Modelo de Solução Aplica os Princípios

O mármore que esculpimos se quebrará; o bronze que burilamos será desgastado pelo tempo; o templo que erigimos cairá em ruínas. Mas se trabalharmos com o espírito imortal e nele insuflarmos não mais que princípios, estaremos gravando em tábuas que os séculos não apagarão, mas brilharão por toda a eternidade.

— Daniel Webster

Seguir um modelo para resolver conflitos e elaborar acordos com relação a projetos, transações e relacionamentos parece exigir um esforço excessivo porque relutamos em falar de modo linear sobre coisas que, a nosso ver, existem numa esfera mais emocional. Essa reação reflete nosso hábito de pensar. Quase todos consideramos o conflito uma "força vital" e receamos que, se eliminarmos esse "drama", perderemos muito daquilo que nos impulsiona e nos faz sentir vivos.

Não estou propondo a eliminação de diferenças, mas apenas oferecendo uma nova maneira de tratá-las — de desenvolver um novo hábito. Desentendimentos e diferenças podem acrescentar tempero à vida; mas conflitos acirrados e permanentes, não. O emprego do modelo calará nossa tagarelice interior e nos propiciará a liberdade de sermos mais produtivos no momento. Conflitos e diferenças não vão desaparecer, mas você responderá mais produtivamente a eles.

O modelo é uma forma eficaz de desenvolver um novo hábito porque, como um guia, diz a você exatamente aonde ir — algo muito importante quando você está indo a algum lugar pela primeira vez. Ele prescreve uma série de passos que exigem o emprego dos princípios do novo paradigma. A fim de deixar claro até que ponto os princípios e o modelo se articulam, o presente capítulo explica de que maneira o modelo atende a cada um dos dez princípios.

Os Dez Princípios Aplicados ao Modelo

Abundância

Esse princípio permeia todas as coisas. O modelo exige a crença de que há o bastante para que todos fiquem satisfeitos. Assim, o princípio da abundância é o alicerce do modelo.

Eficiência

O modelo utiliza hipóteses e energia mal-aplicada para elaborar um acordo eficiente e resolver conflitos com rapidez. Fornece um mapa que ajuda você a:

1. Decidir se tem de fato um acordo exeqüível.
2. Maximizar o potencial para o sucesso graças à criação de uma visão compartilhada.
3. Minimizar o conflito originado da incompreensão.
4. Enfrentar diretamente o cerne do conflito.

O Capítulo 20 analisou os elementos-chave dos acordos eficientes. O exame que se segue mostra como esses elementos contribuem para o uso produtivo de recursos.

Intenção e Visão Específica. Graças à intenção e à visão específica, você logo começa a pensar no resultado que deseja — o quadro geral da solução ou colaboração, bem como o quadro específico daquilo que almeja criar em grupo. Você percebe imediatamente se os outros compartilham de sua visão.

Papéis e Compromissos. Quando papéis e compromissos se articulam, você prontamente reconhece se esses compromissos e papéis bastam para manifestar a visão, se outras pessoas precisam ser convocadas e se você mesmo está à altura de desempenhar suas funções.

Avaliação de Satisfação. Se você estabelecer o modo de avaliar os resultados, gastará pouca energia discutindo se conseguiu alcançar seu objetivo. Trata-se de uma observação do tipo sim/não — ou você conseguiu ou não!

Preocupações e Receios. Os receios e preocupações afetam duramente a produtividade. Falar abertamente sobre eles elimina esse fardo pesadíssimo.

Renegociação, Dissolução e Solução de Disputas. Acionar o processo de solução de conflitos inevitáveis economiza muita energia emocional quando essas situações ocorrem e contribui para consolidar a atitude de solução.

Criatividade

A criatividade pressupõe dois aspectos importantes. O primeiro é de natureza emocional. Havendo conflito, o medo está presente — e o medo é um grande obstáculo à criatividade. Ao promover a solução, o modelo promove também a criatividade. O outro aspecto é o valor estrutural. Um modelo fornece a estrutura dentro da qual você não duvida de que o processo irá levar em conta os elementos exigidos; você nada perderá. Isso lhe dá a liberdade de ser criativo.

Apoio à Solução

No nosso sistema atual, três elementos geram conflitos: (1) a mentalidade hostil, criada pelo medo de perder ou ser lesado, (2) o paradigma de interromper a comunicação logo que o conflito se manifesta e (3) o joguinho de ganhar ou perder, que aceitamos tacitamente.

A adoção do modelo elimina essas práticas. A atitude de solução reconhece que todos perdem quando as pessoas respondem ao conflito de uma maneira hostil. O modelo foi concebido para promover rapidamente a solução e utilizar o conflito criativamente. Ele requer participação e diálogo, que fomentam a produtividade. A consciência de que o processo pode levar todos à vitória afasta a possibilidade de combate acirrado, tão comum em nossos dias.

Vulnerabilidade

O modelo exige que você seja vulnerável e autêntico. Os passos para a solução foram concebidos para ajudá-lo a divulgar suas observações, revelar seus sentimentos, compreender o desgosto originado do desapontamento e vestir a camisa do outro. Isso exige uma auto-revelação autêntica. Mostrar o que o modelo requer — gratidão, perdão, desculpas e medos — implica vulnerabilidade. Os benefícios são a elaboração de acordos e o estabelecimento de transações, de um modo mais próximo do íntimo das pessoas. Quanto mais perto do "núcleo" estiver o compromisso pessoal, maior será o resultado potencial, devido à profundidade da conexão. Você desenvolve "relacionamentos baseados em alianças".

Colaborações Duradouras

Os parâmetros do acordo constroem parcerias duradouras. Se você se dispuser a conversar longamente sobre os termos do acordo, sua tentativa de construir algo que irá durar será séria.

O modelo foi concebido para articular a visão conjunta. Destina-se a pessoas empenhadas em produzir resultados e colaboração efetiva. Não é procedimento casual gastar algum tempo para articular uma visão que incorpore os desejos de todas as pessoas envolvidas. A franca expressão das condições de satisfação propicia objetivos de longo prazo para a colaboração.

Sentimentos e Intuição

O emprego do modelo exige que passemos além do racional e do linear. Ao trabalhar com os elementos do acordo, percebemos que o "fenômeno" ou a "aliança" do acordo existe — nosso coração diz "sim". Esse "sim" brota de todo o nosso ser e não apenas de nosso raciocínio lógico. Trata-se de algo mais que um exercício intelectual. Compartilhar sentimentos exige atenção às emoções. Dá-se o mesmo com a angústia, com a expressão de gratidão e de perdão. A experiência, como um todo, leva-nos para além do hemisfério esquerdo do cérebro.

Abertura Total

Seguir o modelo pressupõe uma abertura completa — no começo, quando o relacionamento se estabelece, e como empenho duradouro em manter esse relacionamento puro (livre de tagarelice interior). Quando os segredos são abolidos, a energia destinada a mantê-los se torna disponível para a produtividade. Você não precisará preocupar-se com o que está escondendo porque já não haverá nada para esconder.

Aprendizado

Quando você está solucionando um conflito ou estruturando um novo projeto, está aprendendo o modo de obter o resultado desejado. Primeiro, toma ciência daquilo de que os outros precisam. Depois, daquilo de que você mesmo precisa. Finalmente, aprendem todos juntos o modo de chegar ao acordo que satisfaz a cada um. O que torna a solução possível é a mentalidade da investigação e não do "saber".

A Capacidade de Responder

Você não pode entregar tudo a profissionais. Não pode esconder-se por trás de um processo que exija menos que autenticidade, empenho e participação plena. Ninguém irá participar das práticas do modelo em seu lugar. Você terá de estar presente nas discussões de elaboração do acordo. Terá de decidir se de fato quer se associar àquela pessoa e trabalhar com ela apesar dos conflitos inevitáveis que surgirão.

Resumo

Os princípios são a base sobre a qual se ergue o novo paradigma. Compreender de que maneira o modelo atende aos princípios vai ajudá-lo a respeitar esses princípios e utilizar o modelo.

Reflexões

São necessários aproximadamente 21 dias para "instalar" um novo hábito. Assim, queira fotocopiar a lista de princípios ou registrá-la em ficha. Leve essa ficha com você pelos próximos 21 dias; sempre que se sentar para comer, releia-a e reflita sobre ela. Não gaste nisso mais que três minutos. O processo será mais eficiente se você discutir com os outros o que está fazendo.

Capítulo 23

Usos e Benefícios do Modelo de Solução

Nada neste mundo é melhor que a utilidade.
— B. C. Forbes

Você descobrirá que o modelo é útil em todas as áreas de sua vida. Lembre-se: não são as idéias brilhantes que catalisam o aperfeiçoamento, mas a aplicação consistente de princípios simples. À medida que ler este capítulo, imagine de que modo a utilização do modelo poderá aprimorar determinadas esferas de sua vida.

O Poder da Solução

Um acordo sensato inclui uma visão claramente definida e compartilhada do futuro. Impele a energia produtiva para a frente, rumo à criação — à manifestação — dessa visão no mundo físico. A visão é o ponto de partida da criação.

A extraordinária liberação de energia que ocorre quando as pessoas compreendem que podem baixar suas armas, respirar fundo e voltar à vida produtiva é impressionante. A solução confirma a tendência humana a nutrir, amar e assistir o próximo. Esse princípio foi exemplificado pelo escritor e biólogo chileno Humberto Maturana, segundo o qual a mão humana foi feita para, de maneira única, acariciar qualquer parte do corpo. Se você duvidar dessa premissa, imagine acariciar alguém com um casco ou uma garra![25, 26]

Tenho observado, repetidamente, o fenômeno da dedicação em sócios, executivos e casais em fase de divórcio. Quando o processo de completude termina, a tecitura fica clara. As pessoas evocam sua atração e harmonia, podendo já iniciar um acordo como bons parceiros: e concluem-no em menos tempo do que esperavam, com alegria e alívio, em vez de sofrimento. O peso das preocupações, que esmaga sua produtividade, desenvolvimento e tudo o mais em sua vida, é aliviado. Algumas pessoas me disseram que foi como se as suas asas tivessem sido restituídas. Elas se sentem leves e desimpedidas, livres para voar novamente. Esperavam um processo demorado, contencioso, doloroso. Não acreditavam que a solução fosse possível.

O vice-presidente de *marketing* de uma grande empresa estava sendo "reestruturado" para uma fusão de empresas. Embora não se sentisse infeliz por ter sido deslocado, queria lutar por mais. Essa atitude se baseava antes no que amigos bem-intencionados estavam dizendo do que em seu próprio desejo. Em vez de pedir muito e envolver-se num longo conflito, pediu pouco, recebeu e ficou satisfeito. Então podia encarar outros aspectos da sua vida. Não precisava lutar por coisas do passado. Sua energia e criatividade estavam livres para acionar um novo plano. Esse mesmo fenômeno ocorreu aos dois irmãos do Capítulo 3. Em vez de uma batalha judicial, eles montaram novos negócios.

Imagine quanta coisa os Hatfields e McCoys poderiam ter produzido se não estivessem sempre envolvidos em querelas. Diga-se o mesmo dos bósnios e sérvios. O hábito de ter inimigos por injunção da vida faz com que percamos uma energia preciosa. As lutas evidenciam medo — medo do futuro desconhecido, de uma nova ordem de coisas, de mais energia vital sem um inimigo a combater. Você se apega a uma estrutura arcaica devido ao medo de não saber qual será essa estrutura. Não consegue imaginar que tem o poder de construir uma estrutura nova. Mas conseguirá criar um futuro utilizando o acordo como instrumento. Esse novo acordo será a nova estrutura, embora você ainda não esteja pronto para confiar nela. Terá de aprender que, se não criar um, em geral não existe nenhum inimigo.

A Força do Incremento

Há muita força na decisão de estabelecer uma visão comum. A sinergia do trabalho em grupo é extraordinária. Prova disso são os fogosos cavalos Clydesdale que puxam os vagões da Budweiser. Um Clydesdale pode puxar 2 toneladas; dois, de 4 a 6 toneladas. Numa época em que nos pedem para produzir o máximo com o mínimo, precisamos de um desempenho otimizado (realizar mais com menos) tanto em casa quanto no trabalho.

No trabalho, enfrentamos cortes de gastos, redimensionamentos, reengenharia, demissões e fusões. Em casa, sentimos exigências insistentes de crescimento pessoal, auto-realização e aprimoramento de nossos papéis como pais, irmãos, cônjuges, filhos, produtores ou agentes. Parece que nunca estamos à altura. O peso em nossos ombros é insuportável. A cada dia sentimos sinais de fissuras na couraça do rude individualista, o Homem de Marlboro cuja filosofia e cultura construíram os Estados Unidos. Como fazer mais com menos?

A coordenação justa e a visão compartilhada permitem que ocorram os milagres do trabalho em equipe. Os acordos francos com os outros criam grupos capazes de vivenciar um aumento exponencial do poder.

Acordos no Trabalho

Os negócios constituem o enfoque central da sociedade capitalista. Nela, participamos como proprietários, chefes, empregados e consumidores. À medida que trabalhamos com colegas na busca de objetivos comuns, vão-se multiplicando as oportunidades de solução de conflitos e consecução de acordos transparentes.

Por exemplo, acordos elaborados por equipes de executivos de primeiro escalão criam uma visão conjunta para os rumos da empresa. Eles definem papéis, responsabilidades, tarefas e critérios de avaliação de resultados. As conversas que levam ao acordo e à ação em prol de objetivos consensuais criam a aliança e a colaboração. As companhias desperdiçam energia porque a tagarelice interna bloqueia a capacidade produtiva. Mas quando o modelo é seguido, nada fica por dizer. Esqueça a tagarelice e você dobrará seu rendimento.

Eis como os acordos transparentes podem ajudar em seu trabalho.

Solução de Conflitos. O processo de solução de conflitos nos dá a certeza tranqüilizadora de que um caminho para a solução foi descoberto. As pessoas podem inventar um novo esquema para o seu futuro. Modos pacíficos de acabar com relacionamentos emocionais deixam poucas cicatrizes e preparam um terreno mais fértil para um novo começo com as pessoas com as quais você terá de trabalhar.

Joint Ventures *e Fusões.* O sucesso aumenta quando uma visão conjunta detalhada se articula. Cada vez mais, alianças com outras empresas são realizadas para a constituição de "organizações virtuais". Os acordos também são eficientes na incorporação de departamentos de diferentes companhias em unidades operacionais mais produtivas.

Relações Empregatícias. O Dr. Steven Covey afirma que, para ter empregados capacitados, precisamos ter confiança e, para ter confiança, precisamos de acordos de desempenho.[27] Os acordos determinam os resultados almejados, a orientação, a contabilidade e as conseqüências. Na verdade, os empregados planejam, eles próprios, os seus cargos. Quando as pessoas participam da elaboração e regulamentação de suas relações de trabalho, ocorrem saltos de produtividade, pois os participantes estão inspirados e motivados pelos objetivos e padrões que eles mesmos moldaram. Reforça-se, então, a reciprocidade, elimina-se o ressentimento e garante-se a aceitação.

Equipes. Diretores, gerentes de departamento e chefes de equipe podem-se valer dos acordos para manter suas unidades no bom caminho. O importante é partilhar uma visão e estabelecer condições claras de satisfação. Isso funciona tanto dentro de departamentos e empresas quanto em suas relações uns com os outros.

O mesmo se diga de equipes de trabalho autodirigidas, que vão se constituindo cada vez mais na espinha dorsal das organizações empresariais. Se você exige mais participação e autogerenciamento, deve fornecer os instrumentos que otimizam os recursos da equipe e mantêm todos no rumo estabelecido. Acordos e meios para firmá-los ou revê-los são ferramentas úteis e absolutamente necessárias. Há inúmeras situações em que o consenso da equipe é a "bíblia" utilizada para avaliar desempenhos e resultados, ou apontar caminhos para a implementação tanto do objetivo empresarial geral quanto dos objetivos específicos da equipe.

Humor e Atitude. Quando você está empenhado em determinar os elementos específicos de sua participação, mostra-se um jogador de boa vontade — sem ressentimentos, alegre e mais dedicado.

Produtividade dos Grupos de Trabalho. O trabalho se torna o principal alvo, não a "política" dos relacionamentos. A visão conjunta e os movimentos táticos para a consecução de objetivos são o foco. A tagarelice interna é calada.

Criatividade e Inovação. A ausência de conflitos hostis permite um pensamento lúcido, essencial para realizar tarefas com mais eficiência. A energia aprisionada no conflito fica disponível à criatividade.

Consultores, Profissionais, Homens de Vendas. É preciso muita habilidade para estabelecer relacionamentos que aumentem o número de consumidores satisfeitos. Faça acordos claros que (1) criem uma visão conjunta dos resultados pretendidos e (2) especifiquem como se irá avaliar a satisfação das expectativas. Acordos claros farão de todos os vendedores e prestadores de serviços parte integrante da equipe, pois então cada um saberá qual deve ser sua contribuição para a produtividade e a satisfação do consumidor final.

Satisfação do Cliente/Consumidor. Quando você especifica tarefas e se livra da tagarelice, passa a concentrar-se no consumidor.

Relações Sindicais. Os sindicatos fazem parte da equipe: são parceiros na produção de resultados e integram a organização virtual.

Acordos Judiciais. Os advogados podem esboçar acordos que contemplem tanto a obtenção de resultados quanto a proteção dos clientes.

Processos. Medidas prévias, tomadas com vistas à solução, impedem que a situação fique fora de controle.

Diferenças. As pessoas percebem que são iguais e querem as mesmas coisas. As diferenças são reconhecidas no processo de elaboração de acordos. À medida que as preocupações individuais vão sendo expressas e ouvidas, os participantes começam a "legitimar-se". Os grupos se beneficiam dos talentos individuais.

Fui consultor de uma empresa de tecnologia que estava desenvolvendo um novo aplicativo para telecomunicações. Ela estava com problemas havia seis meses. A comercialização e o desenvolvimento de produtos não obedeciam aos prazos; as finanças estavam desmoronando e os investidores se assustavam por qualquer ninharia. Em um dia superamos todos os problemas e reativamos as operações. Determinar premissas claras de ação e estabelecer uma missão conjunta faz com que todos se mexam.

Li recentemente a coluna de Tom Petzinger no *Wall Street Journal* sobre auto-organização.[28] Dado que as companhias estão se achatando e novos princípios administrativos vão sendo postos em prática, é preciso haver um meio através do qual as pessoas realizem as tarefas da empresa. O modelo de solução pode ser a solução![29]

Acordos em Casa

Você certamente não acha que é preciso estabelecer acordos de comportamento específicos com sua esposa, filhos, amigos e parentes. Pois eu lhe asseguro que irá se beneficiar bastante se repensar o assunto. Por experiência própria, sei que os acordos que definem relacionamentos podem gerar a qualidade por nós desejada nessas situações pessoais, ajudando a reduzir o atrito.

Nos casamentos e outras relações íntimas, os acordos podem refletir realidades individuais exclusivas. É possível entender-se quanto a áreas de confronto permanente como parentes, vida social, dinheiro e carreira. Os cônjuges determinam aquilo que querem e aquilo de que necessitam em seu relacionamento. Os membros da família podem definir o que "família" significa para eles. Os noivos, antes de se casar, esboçarão uma base sólida para o futuro.

Há tanto valor no diálogo que leva ao acordo quanto no próprio acordo. O modelo fornece a estrutura para diálogos que explorem as idéias de cada um sobre determinado assunto. É um instrumento para aprofundar relações e estabelecer linhas de conduta. A atualização do acordo mantém o relacionamento em dia e transfere as dificuldades das explicações defensivas sobre comportamento, que têm orientação psicológica, para as dificuldades práticas e comportamentais. O modelo propicia um meio de solucionar conflitos sem a necessidade de ajuda externa.

Utilizei o modelo num relacionamento de longo prazo. Minha parceira e eu criamos juntos uma visão da convivência que queríamos manter. Essa visão exprimia nossas idéias individuais sobre o futuro e nosso consenso sobre a natureza do relacionamento. Comprometemo-nos um com o outro a respeito de nossa conduta como casal e a estruturação de nossa vida. Fixamos um prazo para o acordo e acrescentamos uma cláusula de renegociação.

Incluímos padrões para as seguintes áreas da nossa vida[30]:

saúde física
dinheiro
diversão
solidariedade
vida social
dignidade pessoal
família
preocupação ecológica
trabalho
espiritualidade
educação
carreira

As conversas que nos levaram ao acordo foram ótimas. A redação dos termos acabou sendo um agradável exercício de criação conjunta, muito mais profundo e flexível do que qualquer de nós imaginara. O acordo tornou-se um documento heróico, cujas palavras tinham uma força intensa e inspiradora.

Após cinco anos compreendemos que não convinha permanecermos juntos. Embora a separação fosse emocionalmente difícil, poderia transformar-se numa transição suave e sem percalços. Assim, a decisão de nos separar, embora penosa, não foi difícil. Quando avaliamos os resultados que havíamos obtido pelos parâmetros de nosso acordo, tivemos uma resposta clara do que deveríamos fazer.

Examinando o passado, sinto-me grato pela experiência. Foram profundas a inspiração e a motivação proporcionadas pelo fato de ambos termos cumprido o processo de chegar a um acordo e viver segundo seus termos. O acordo foi um catalisador para muitas de minhas realizações. Proporcionou uma base ao relacionamento, base que construímos juntos. Foi uma bandeira pessoal bem mais enérgica do que adotar implicitamente padrões e normas aceitas como parte de nossa cultura, que é o que a maioria das pessoas faz quando se casa.

Há alguns anos, fui chamado para ajudar uma família com um filho "rebelde" de 14 anos. Ainda não tinha usado o modelo nesse tipo de situação, mas achava que ele não deixaria de funcionar.

John enfrentava dificuldades em quase todas as áreas de sua vida. Suas notas estavam abaixo das expectativas, ameaçando sua possibilidade de entrar na faculdade. Bebia e usava drogas. Faltava às aulas. Brigava com os pais diariamente. As medidas já tomadas incluíam sessões com o psicólogo da escola, tratamento particular, temporadas em acampamentos de verão e todos os tipos de castigo imagináveis. Mas não passavam de tentativas para ajustar quem na verdade ainda não estava desarticulado.

Chamei a família para uma reunião. O segredo do êxito era convencer John de que ele seria ouvido sem interrupções e de que a solução levaria em conta seus sentimentos e idéias. Tendo John se convencido disso e ficado livre para expressar-se, o processo não foi difícil. John externou sua raiva e ressentimento por ser sempre comparado à irmã, sete anos mais velha. Ela era uma dessas criaturas perfeitas: notas máximas, rainha do baile, representante de classe etc.

Ele não queria ser ela. Jamais fora "ouvido" em seu desejo de fazer teatro e dedicar-se às artes. Enquanto seu talento não fosse reconhecido, continuaria a desafiar. Era a sua maneira de chamar a atenção.

Pedi a John que explicasse como gostaria de ser tratado e por quê. Seus pais ficaram espantados com sua inteligência e sensibilidade. Juntos, elaboraram um acordo que previa orientação detalhada para sua educação, contribuição para as despesas da casa, capacidade de tomar decisões por si mesmo e escolha de amigos.

Ele terminou o colégio e começou a freqüentar cursos de arte. Matriculou-se na faculdade local enquanto trabalhava como desenhista para um arquiteto da cidade. Formou-se entre os primeiros da turma, transferiu-se e logo terá seu diploma de arquiteto. O segredo foi legitimá-lo, permitindo que falasse, e capacitá-lo a participar da construção de seu futuro.

Acordos na Comunidade

Os acordos podem ser utilizados para mapear o percurso e o objetivo de qualquer organização. Faz algum tempo, atuei junto a uma autonomeada entidade cívica que se propunha "reinventar" o governo local.

Utilizamos o modelo do acordo para traçar um curso de ação. A finalidade do grupo era duplicar a polícia, o corpo de bombeiros, as rodovias, os transportes, os parques e os serviços de lazer oferecidos pelas prefeituras e empresas públicas, bem como tirar vantagens das economias de escala. Esboçamos uma visão dos resultados desejados. Ela incluía um referendo político para fundir todas as prefeituras num governo regional único, que entretanto manteria representantes das antigas autoridades independentes. Isso eliminaria o desperdício e a ineficiência.

Nosso acordo previa ainda um plano para coleta de informações, projeção de economias potenciais, obtenção de apoio político, estratégia contra resistências e atuação política. Estabelecemos premissas sobre o que faríamos. Criamos uma série de expectativas com prazos marcados, para saber se estávamos alcançando os nossos objetivos. Determinamos o método de solucionar conflitos e escolhemos um responsável para garantir que não sairíamos do caminho. Embora todos ansiassem por entrar imediatamente em ação, o plano prévio valia o esforço. Induzia ao empenho.

Os acordos devem visar à tarefa concreta, em vez de dissipar recursos em processos políticos litigiosos. Há cerca de vinte anos, um grupo comunitário se reuniu para construir uma escola destinada a crianças autistas. Essa escola serviria como modelo para outros grupos locais do Estado, preocupados com o mesmo problema. Para mim trata-se de um exemplo clássico, digno de ser mencionado aqui, do que pode produzir uma ação coordenada, animada de paixão.

Quando meu colega advogado me apresentou ao grupo, este exigiu que processássemos sem demora os governos federal, estadual e municipal, bem como seus serviços de educação e saúde mental. O grupo era constituído pelos pais de vinte e duas crianças autistas de idades variadas. Essas crianças não haviam sido beneficiadas por nenhuma lei federal nem estatual, daí resultando que ninguém assumia a responsabilidade por sua educação.

Sugeri uma medida um tanto diferente. Consultei alguns pais para saber o que de fato o grupo queria. Como era de prever, queriam acima de tudo dar aos filhos a melhor educação dentro das possibilidades do tratamento do autismo. Achavam que fundar uma escola era o melhor caminho. As crianças não eram doentes mentais, mas estavam gravemente afetadas do ponto de vista emocional. Delineamos uma estratégia de curto prazo para angariar fundos e garantir o próximo ano escolar até que uma solução definitiva fosse concebida.

Tínhamos duas estratégias: (1) apelar para a legislação e arrecadar fundos e (2) construir a escola. Os pais constituíam o grupo mais dedicado e empenhado que eu jamais conhecera. Dada a repercussão política do caso, eles receberam aprovação e fundos para a nova escola. Três anos depois desse encontro inicial, outras regiões do Estado estavam enviando alunos para a instituição. Ela foi a primeira de uma série que se espalhou pelo Estado. Essa parte da história propicia pequena gratificação se comparada com o resultado mais importante. A dedicada equipe da escola, juntamente com especialistas de fora, desenvolveu um programa para devolver as crianças ao ensino público. Era muito mais do que se esperava.

Considerando-se o encolhimento dos serviços públicos e a necessidade de maior eficiência, o acordo é o meio natural. Como integrante do programa do vice-presidente Al Gore para "reinventar o governo", revi acordos entre o presidente Clinton e a secretaria encarregada de definir objetivos específicos para os principais departamentos do governo. Embora muito mais detalhes pudessem constar dos documentos, era evidente que os altos funcionários da administração haviam acolhido a idéia dos acordos como um meio de fazer as coisas. Bravo!

Acordos com Você Mesmo

O modelo pode ser utilizado para solucionar conflitos intrapessoais ou para planejar — isto é, fazer acordos com você mesmo a fim de estabelecer um novo curso de ação para o futuro.

George estava tendo dificuldades com sua ex-esposa, Marsha, em relação a seu acordo de custódia conjunta do filho. Antes do divórcio, haviam recorrido durante anos ao aconselhamento profissional. Freqüentaram assiduamente o tribunal e gastaram milhares de dólares com custas judiciais. Por fim, George deu-se conta de que era a parte principal do problema, pois reagia automaticamente a qualquer atitude de Marsha: quando ela dizia uma coisa, ele dizia outra. Pressenti que, se George adotasse o modelo do acordo e tomasse decisões sem influência alheia, chegaria ao cerne do problema. Pouco depois, angustiado ante a perspectiva de perder a guarda conjunta do filho se não conseguisse se dominar, ele se recolheu sozinho ao quarto. Examinou a situação ponto por ponto. E compreendeu que um novo acordo consigo mesmo sobre seu comportamento (o único aspecto que podia controlar) poderia ser o fim da guerra com Marsha.

George permaneceria calmo e conversaria amigavelmente, ouvindo as razões de Marsha e procurando compreendê-las. Queria que o filho se beneficiasse dos cuidados de ambos os pais. As discussões poderiam agora conduzir a uma visão consensual que incorporasse o bom senso de ambos.

Fez as seguintes promessas a si mesmo:

1. Ouvir Marsha.
2. Manter a calma ao tomar a palavra.
3. Aprender mais sobre comunicação.
4. Confessar a Marsha estar perdendo o controle e interrompendo às vezes a conversa.
5. Pedir desculpas sempre que se excedesse.
6. Pagar a si mesmo uma multa de cem dólares quando quebrasse as promessas.

Para avaliar se de fato cumprira o acordo, estabeleceu uma condição: um ano inteiro sem contestar Marsha nem chamar seu advogado. Reconheceu que, por mais resoluto que estivesse, talvez não conseguisse cumpri-lo.

E no entanto o cumpriu, pois era um acordo voluntário. George não era o mesmo de quando sua ex-esposa, seu advogado, seu terapeuta ou o juiz lhe diziam como o acordo deveria ser. No final do ano, estava contente com a decisão, principalmente pelo efeito duradouro em seu filho Randy. Em vez de sofrer o impacto emocional da guerra entre os pais, Randy vai-se tornando produto de sua sabedoria combinada.

Você pode usar o modelo do acordo para planejar objetivos e alcançar aquilo que deseja. Eu próprio o utilizo para estabelecer objetivos relacionados com profissão, renda e exercício físico. Funciona! Algo acontece quando você pratica a disciplina de elaborar acordos consigo mesmo. Ser específico quanto ao que se quer é uma forma de visualização criativa. Qualquer especialista na arte de estabelecer objetivos lhe dirá que é importante registrar por escrito seus projetos. Lavrar um acordo com você mesmo é outra forma de fazer isso.

Resumo

Ter acordos para todos os aspectos da nossa vida parece exagerado; no entanto, eles valem a pena quando examinamos os resultados produzidos nos negócios, na comunidade e nas situações pessoais.

Reflexões

Passe um dia examinando sua vida através das "lentes" do acordo. Pense em todos os relacionamentos que mantém e repare nos acordos implícitos ou explícitos que orientam suas ações. Analise as áreas em que uma clareza maior intensificaria sua tranqüilidade e contribuiria para os resultados pretendidos. Escolha duas ou três situações e, recorrendo aos modelos sugeridos neste livro, elabore novos acordos. Reflita sobre o processo e as mudanças operadas na produtividade ou na qualidade dos relacionamentos.

Parte V

Quando Precisamos de Ajuda Profissional

A Parte V mostra como o modelo de solução de conflitos se relaciona com outros métodos de resolvê-los. Indica também o que você deverá procurar quando precisar de ajuda profissional. Finalmente, explica o valor do sistema jurídico e delineia o modelo de comportamento do solucionador.

Capítulo 24

Como Usar a Força do Sistema Jurídico

À Lei devemos a justiça e a liberdade. Esse órgão salutar da vontade coletiva é que estabelece, sob a forma de direitos civis, a igualdade natural entre os homens.

— *J.-J. Rousseau*

Este livro oferece um modelo que você poderá usar para solucionar conflitos e evitar os altos custos dos profissionais. Infelizmente, nem todos aspiram aos padrões solucionadores propostos aqui. Felizmente, temos um sistema destinado às pessoas que querem adotar um processo pacífico de solução: o direito civil. Esse sistema tem força para garantir que as pessoas obedeçam às suas decisões. Tem poder coercitivo. Nosso sistema jurídico proporciona uma base, uma possibilidade e uma instância de apelação. Ele diz às pessoas como funciona o seu novo acordo.

Uma vez que protegem contra a exploração, o direito civil e seus órgãos de coerção asseguram a liberdade. Conforme analisamos em capítulos anteriores, o sistema está longe de ser perfeito e está sujeito a abusos na sua aplicação, mas sem dúvida protege os direitos humanos. Neste capítulo, mostramos como o sistema jurídico complementa o modelo de solução de conflitos.

Opções Disponíveis — Escolhas Seqüenciais

Os diversos serviços de solução de disputas — inclusive os que integram o sistema jurídico — formam uma seqüência. Cumpre que todos os consumidores desses serviços aprendam quais são as suas escolhas nessa seqüência. Embora os "profissionais" possam zombar de minha simplicidade, resumirei as opções, da mais branda à mais agressiva.

Diálogo — Ele não tem nome de fantasia, mas freqüentemente funciona de maneira simples e elegante, como demonstrado no modelo de solução de conflitos.

Esboço criativo — Pouco agressivo e bastante eficiente, o esboço criativo ocorre quando duas ou mais pessoas se sentam e examinam seu problema "comum", procurando "a melhor maneira de resolver a situação".

Negociação — Esta é um pouco mais formal, mas até certo ponto não difere do diálogo. Nós negociamos diariamente, nas mais diversas situações. Entretanto, em nossa cultura, a negociação adquiriu um componente litigioso: as pessoas costumam entrar em uma negociação com o objetivo de "ganhar".

Mediação — Quando as pessoas precisam de ajuda, recorrem a um mediador para facilitar a discussão. O acordo é voluntário; o mediador não toma decisões.

Solução — Embora parecida com a mediação no sentido de que os acordos são voluntários, a solução difere porque o solucionador assume mais responsabilidades pela consecução do resultado. Ele não se encarrega apenas do processo: também cuida de uma solução que permita às pessoas ficarem bem consigo mesmas. A ampla definição de solução, dada no início do Capítulo 21, orienta as ações do solucionador. A obtenção do resultado que se tem em mente pode exigir a incorporação de todas as opções da seqüência.

Avaliação imparcial — Na avaliação imparcial, um especialista estuda o caso e faz uma recomendação.

Minijulgamento — Lembra a avaliação imparcial. Um júri simulado toma uma decisão pela qual você pode se orientar.

Arbitragem — A arbitragem é um procedimento litigioso no qual o direito fornece os padrões para a decisão das questões apresentadas. Assemelha-se a um julgamento, exceto por ser mais informal que um processo civil. Pode ser coercitivo ou meramente consultivo.

Julgamento — Este é um procedimento judicial formal, de natureza litigiosa — um modo "civilizado" de travar a guerra. Normas formais determinam quais provas o juiz levará em consideração.

Lembre-se de que você pode planejar um processo combinando criativamente opções para ter o melhor em sua situação. Isso foi claramente expresso por Karl Llewellen, diretor da Faculdade de Direito de Colúmbia, em seu clássico *The Bramble Bush* (1930), insubstituível para os iniciantes no estudo das leis:

> Fazer algo a fim de solucionar disputas e fazer isso racionalmente, eis para que serve o direito. E, quem quer que disso esteja encarregado, seja juiz, delegado, oficial de justiça, carcereiro ou advogado, é um homem da lei. O que ele faz com relação aos litígios é, a meu ver, a própria lei.[31]

Aquilo que as pessoas envolvidas decidem, com base nos parâmetros que consideram importantes, rege a situação. E a maneira como determinada situação é resolvida passa a ser *a lei* para aquela situação!

Defesa e Litígio: Saiba a Diferença

Depois de examinar o quadro geral, vejamos algumas preocupações quanto à realidade atual. Lembro-me de minha apresentação ao "sistema litigioso". Quando você avalia e leva em conta os interesses subjacentes da outra parte, a conciliação e a satisfação de todos se tornam possíveis. Soluções podem ser imaginadas para compor os interesses das duas partes. Às vezes, uma defesa vigorosa de ambos os lados é o melhor caminho para entender todos os parâmetros da situação. Mas você deve saber a importante diferença entre defesa vigorosa e litígio. Muita gente ignora essa diferença hoje em dia.

Você pode advogar uma posição quando sabe que a outra parte é digna, embora postule uma posição diferente. É essencial compreender que a solução eficiente nasce de relacionamentos criados a partir de uma atitude digna. Infelizmente, nos últimos anos, as táticas do tipo "Rambo" se tornaram moda. As coisas começaram a ficar tão fora de controle, que um juiz de Chicago publicou um relatório sobre incivilidade com recomendações que incluíam normas para orientar a conduta dos advogados. A conduta prescrita sob as novas normas lembra a "educação que seus pais não lhe deram".

Ao escolher um advogado, lembre-se da distinção entre defesa e litígio, dos custos computados no Capítulo 2 e das instruções para a escolha de profissionais no Capítulo 25. Certifique-se de que encontrou um advogado competente, uma pessoa criativa o bastante para planejar o procedimento mais adequado à situação.

A Vez dos Tribunais

Em certas situações, o processo jurídico e a decisão judicial constituem a única forma de solução. Você precisa saber quando essa é a melhor alternativa. Eis algumas indicações:

1. Quando uma ou mais partes não querem fazer esforços construtivos no sentido de resolver o caso: por exemplo, um sócio passa a controlar os livros da empresa, uma companhia de seguros recusa-se a pagar o prêmio ou um cônjuge divorciado só consente em pagar a pensão através de ordem judicial.
2. Quando uma das partes tenciona estabelecer um precedente para o futuro: por exemplo, o fabricante que está sendo processado por danos quer limpar seu nome a fim de prevenir futura extorsão.
3. Quando funcionários públicos só se dispõem a agir sob coação judicial: isso pode acontecer devido à ambigüidade das leis, a exigências legislativas ou ao expediente político de transferir responsabilidades.
4. Quando a parte tem direitos legais que deseja fazer valer.

Reflexões Sobre o Sistema Vigente

O poder do sistema jurídico, sempre presente nos bastidores, é em parte o que possibilita o processo de solução. Isso se tornou claro para mim há alguns anos, quando conversava com um colega que assumira a tarefa de ensinar técnicas de solução de conflitos na antiga União Soviética. Era uma tarefa formidável. Por muito tempo, os cidadãos viveram segundo o paradigma de que conflitos não existiam. As pessoas tinham pouca experiência de, por si mesmas, dialogar com vistas à solução: recebiam as respostas de uma autoridade superior.

É curioso o relacionamento entre o controle absoluto na antiga União Soviética, a liberdade e a anarquia. Embora eu, pessoalmente, não goste de conflitos e reconheça que o litígio judicial é uma forma de guerra, sei muito bem que precisamos de uma instância capaz de estabelecer a justiça quando alguém é prejudicado — pelo governo, pela empresa ou por outra pessoa. Nosso sistema e salvaguardas vigentes propiciam essa instância. Dada a complexidade cada vez maior do meio em que vivemos, no entanto, creio ser hora de examinar esse processo. Os princípios básicos do sistema foram estabelecidos há séculos. É tempo de rever algumas de suas premissas. Ainda que o sistema funcione, ele está sujeito a abusos cometidos pelos que desempenham papéis de destaque: advogados, litigantes, juízes e júris.

Precisamos de um sistema que ajude a democracia a funcionar! De outro modo, teremos o "caos" da anarquia ou o "caos" do controle absoluto. Nosso sistema oferece um remédio contra o abuso todos os dias — por parte de fabricantes inescrupulosos, ações abusivas por parte do governo e indivíduos irresponsáveis. Mas já é hora de descobrir se podemos fazer algo melhor. Este livro oferece algumas sugestões.

Resumo

O que nos separa do estado de anarquia são as salvaguardas de um sistema jurídico onipresente, a que os cidadãos prejudicados podem sempre recorrer. Mas antes de apelar para ele, o cidadão dispõe de uma série de procedimentos menos agressivos que funcionam porque o sistema jurídico lhes dá força.

Reflexões

Pense sobre alguns conflitos que vem enfrentando. Das escolhas apresentadas neste capítulo, quais são a seu ver as melhores? Por quê?

Capítulo 25

Como Escolher um Profissional: O Solucionador

Um julgamento sereno vale mais que mil conselhos apressados.
— *Woodrow Wilson*

A pessoa que você escolhe como guia é crucial para o tipo de solução que obterá. Quer você esteja às turras com um sócio de quinze anos, movendo uma batalha *antitrust* contra o Departamento de Justiça, quer esteja desfazendo um casamento de dois anos, o estilo de seu conselheiro é decisivo.

Se você recorrer a um profissional para solucionar um conflito, procure criar uma parceria e definir claramente o resultado que deseja. Utilize o processo do acordo explicado no Capítulo 20 para criar uma visão conjunta. Esse processo será bastante útil a você. Irá ajudá-lo a escolher a pessoa certa.

Como afirmei no Capítulo 1, a pesquisa contextual para este livro consistiu em entrevistas com cerca de cem especialistas experientes em solução de conflitos, que eu chamo de *solucionadores*. Quem são os solucionadores? Esses profissionais sabem que seu estilo de solução torna os clientes fiéis. Fascina-me o modo como os solucionadores discernem as preocupações reais. Eles respeitam e acatam o que lhes é apresentado, conseguindo harmonizar todos os interesses.

Sua tradição acomoda e equilibra exigências conflitantes. Preto ou branco, certo ou errado, ganhar ou perder — nada disso é objeto de sua investigação. Eles sabem o que é solução eficiente. Eis sua mensagem principal: brigar é desperdiçar recursos — energia, tempo, dinheiro, emoções e bens. Não ignoram que, após uma guerra, a política tenta resolver os problemas. A escalada do conflito impede que se resolva aquilo que verdadeiramente merece atenção.

Neste capítulo, pretendo explicar mais minuciosamente o que os solucionadores fazem e como reconhecê-los, para que você possa escolhê-los com segurança e saber que tipo de relacionamento manterá com eles.

O Que os Solucionadores Fazem

A solução é a cura do conflito. O processo de solução cria um ambiente seguro no qual a cura poderá ocorrer. Quando a discórdia está presente, o solucionador recorre ao seguinte tipo de análise:

1. Quais são as preocupações dos envolvidos? Qual é a "realidade" de cada uma das partes com relação à situação?
2. Quando a ação deve ter início? Como medir a perda e o risco de continuidade de uma situação não resolvida?
3. A quem é preciso recorrer para uma solução eficiente?
4. Como levar as pessoas a sentar-se de boa vontade à mesa de conversação? Quem precisa ser induzido a ajustar sua atitude e como fazer isso?
5. Que pressões existem?
6. Há leis, regulamentos, princípios, costumes, acordos ou outros padrões para a situação?
7. Que relacionamentos futuros são imprescindíveis?
8. Existem outras preocupações especiais?
9. Qual é o melhor plano de ação? Quem fará o que e quando?

Para a escolha de um solucionador, sugiro que você examine a abordagem analítica do candidato e compare-a com a que demos acima.

Qualidades do Solucionador

A lista que se segue explica as qualidades do solucionador. Utilize-a como critério para escolher um profissional ou avaliar aquele que você já escolheu.

Colaboração: O solucionador gosta de trabalhar com você para obter a solução. Ele o trata com respeito, é autêntico e sempre aprende com os outros.

Senso comum: O solucionador faz o complicado parecer simples.

Confiança: O solucionador sabe o valor daquilo que oferece. Não teme agir de acordo com seus postulados.

Criatividade e inovação: O solucionador inventa aquilo que tem a fazer para que o trabalho seja realizado.

Empatia: O solucionador sente por você e pela situação, respeitando e legitimando as suas preocupações.

Justiça/não vencer: O solucionador sabe que amanhã é outro dia e que cada dia é uma vitória quando você é tratado com imparcialidade.

Fé e confiança: O solucionador sabe que toda situação pode ser solucionada, por mais complexa que pareça. Essa crença resolve inúmeras situações impossíveis.

Promoção de abertura: Para se solucionar um conflito, é importante trazer o desacordo à baila. O solucionador proporciona o clima para que você se abra, fale sobre o que aconteceu e expresse suas emoções. Cria um ambiente de confiança que escancara a porta à solução.

Penetração: O solucionador tem o talento impressionante de perceber o cerne do conflito. Sabe o que tem de acontecer para chegar ao fundo do problema.

Honestidade e integridade: A confiança é tudo para um solucionador, e você confia nele porque acredita que, verdadeiramente, ele irá se encarregar de seus interesses e dos interesses dos demais.

Inteligência: O solucionador é muito esperto. "Sabe" o que está acontecendo.

Discernimento: O solucionador está na estrada há muito tempo. Conhece o território. Tem um sexto sentido para o que funciona e para o que não funciona.

Experiência de vida: O solucionador muitas vezes é calvo, grisalho ou envelhecido. Tem "muitos quilômetros" rodados.

Capacidade de ouvir: O solucionador entende o que está sendo dito, adivinha o que está por trás das palavras e percebe o que não foi expresso. Sabe que todos têm de ser ouvidos e como fazê-lo. "Ouve" com os olhos e com o corpo inteiro.

Capacidade de controlar o processo: O solucionador observa cuidadosamente o processo porque, se ele ficar fora de controle, acaba a esperança de alcançar uma solução eficiente.

Mentalidade aberta: O solucionador não tem interesse confesso numa determinada solução. Mantém a bola em jogo e deixa que a solução se apresente por si mesma.

Senso prático: O solucionador é prático. Não permite que personalidades ou princípios interfiram no caminho das boas decisões. Percebe quais medidas são mais adequadas para resolver diferentes tipos de questões.

Zelo: O solucionador sabe que, no centro de toda divergência, existe um problema de natureza pessoal a ser resolvido. Quando você zela pelos interesses humanos, o "problema" muitas vezes zela por si mesmo.

Tolerância com relação ao conflito: O solucionador permanece imparcial e concentrado mesmo quando a situação está muito carregada.

O restante do capítulo examinará aspectos capitais com que você certamente se deparará em seu relacionamento com um solucionador.

Nada de Cobrar por Hora

A chave do sucesso e da participação em muitos escritórios de advocacia é o número de horas de serviço cobradas. Você acha que isso é contrário ao profissionalismo? Os solucionadores sabem que existe um conflito de interesses inerente a esse sistema de cobrança: solucionar o conflito da maneira mais eficiente possível *versus* o interesse pessoal do advogado, quer para obter parceria quer para ganhar mais dinheiro. Um conselheiro sensato que conheço cobra honorários fixos ou então explica ao cliente que não sabe quanto irá cobrar, mas que a conta não será alta — e nunca é. Minha sugestão: combinem um preço fixo.

Para conflitos intrapessoais, recorremos a terapeutas. Também eles cobram por hora, o que pode transformar a solução num processo lento e dispendioso. Infelizmente, ninguém pode garantir resultados.

Apoio aos Clientes

Os solucionadores apóiam seus clientes assumindo-lhes pessoalmente a responsabilidade. Sabem que só o envolvimento é capaz de conduzir ao núcleo da ruptura de relacionamentos. Se você abdicar da responsabilidade, achará difícil identificar e solucionar o conflito. Por isso, muitos advogados tomam outro caminho ao se concentrar em "problemas" de ordem jurídica. Se insistimos em princípios e questões de direito, a solução eficiente se torna impossível: as áreas que exigem de nós mais atenção e vulnerabilidade deixam de ser exploradas.

A qualidade principal dos solucionadores é o talento para despertar em você uma nova visão que o devolva à atividade central de sua vida. Eles estimulam o desenvolvimento pessoal dos clientes concentrando-se nas preocupações mais vulneráveis e falando inteligentemente sobre elas. Os solucionadores agem segundo o princípio de que sua função é levar o cliente a voltar a colaborar com mais empenho. Sua responsabilidade consiste em facilitar a volta do cliente a uma vida produtiva.

Quando você aperfeiçoa o hábito de comunicar e colaborar mais eficientemente durante o processo de solução, o caminho que abrir para a solução continuará a servi-lo no futuro. Isso reflete o que o professor Robert Baruch Busch chama de *aspecto transformativo* da solução de conflitos.[32] A abertura desses caminhos torna as questões "jurídicas" fáceis de resolver.

Os solucionadores têm uma missão superior: concretizar os princípios consubstanciados nos Dez Mandamentos. Eles sabem que estas são as leis sobre as quais uma sociedade civilizada repousa. (Os advogados fazem parte dessa tradição, embora alguns principiantes tenham pouco contato com ela.) Os solucionadores devem reatar esse vínculo. E muitas vezes, de fato, produzem resultados primorosos. Suas pinceladas de mestre são freqüentemente de natureza *su wen*. (*Su wen* é uma técnica de acupuntura em que se emprega uma única agulha; é tão poderosa que catalisa uma seqüência de eventos capaz de curar a doença, devolvendo o equilíbrio e a harmonia funcional ao sistema orgânico.) As soluções apontadas pelo solucionador restabelecem as relações funcionais imprescindíveis aos negócios, à família ou à atividade governamental. Oferecem opções que melhoram a qualidade atual e futura da vida.

Colaboração para Gerar Solução

Os clientes muitas vezes ignoram o que seus conselheiros de confiança fazem por eles. Os solucionadores, porém, insistem em que você saiba o que vão fazer antes de darem qualquer passo nesse sentido e por que terá de ser assim. Associam-se a você para produzir resultados. O relacionamento torna-se, então, o oposto de "paralisia": o solucionador tenta preservar seus recursos forçando-o a fazer o máximo possível.

Conseqüentemente, os solucionadores muitas vezes atuam como planejadores de processos. O processo escolhido é essencial para se determinar o resultado. Por exemplo, se você tem dores de estômago e consulta um cirurgião, provavelmente acabará operado. Nas mesmas circunstâncias, um nutricionista ou um massagista sugeririam tratamentos diferentes. Os solucionadores não ficam presos a um único caminho ou perspectiva.

Confiança

Não se pode exagerar a importância da *confiança*. A integridade do solucionador é o catalisador que leva a situação a um desfecho. Devido ao alto nível de confiança, o acordo pode advir da opinião abalizada do solucionador sobre qual seja o resultado justo. Tenho visto essas recomendações resolver causas de bilhões de dólares.

Há anos, para poder exercer a advocacia em outro Estado, meu amigo Al precisava de uma recomendação do juiz perante o qual costumava comparecer. Ficou encantado ao ler a carta. Rezava esta que, ao contrário de muitos advogados que conhecia, o juiz sempre admirara a honestidade de Al. Sempre se podia esperar que dissesse a verdade. Al se espantou ao saber que outros colegas agiam diferentemente.

É esse o grau de confiança que se deve depositar num solucionador!

Criatividade

Os solucionadores utilizam a criatividade para realizar seu trabalho. Fazem o que é preciso. Não ficam imobilizados pelo que pensam ser certo ou errado. Com freqüência, esboçam de fora para dentro os esquemas de pensamento das pessoas. Conheço um solucionador que atua como orientador junto a pessoas que querem ir ao tribunal sem assistência jurídica. Outro trabalha como consultor, sem que ninguém desconfie que ele está nos bastidores. Seja qual for o papel que desempenhem, ele é sempre intencional e escolhido conscienciosamente.

A solução não enfrenta algumas das limitações formais dos processos tradicionais. É um território sem fronteiras. Nele, não há lugar para os pusilânimes. Examinando essa mesma questão, meu colega Jeffrey Kichaven escreveu recentemente um artigo intitulado *Mediation Is Not for Sissies* [A mediação não é para maricas].[33] Concordo. Quando não há um caminho "certo" e começamos a explorar problemas emocionais, ignoramos aonde o processo irá nos conduzir. Confie em sua criatividade para determinar o próximo passo apropriado.

Atenda às Necessidades da Situação

Os solucionadores sabem que o segredo do que fazem está em atender às necessidades da situação. Certa feita, um solucionador viu-se em palpos de aranha ao assumir um caso que envolvia renda pessoal, prestação de serviço e fidelidade à palavra dada. Tinha sob sua guarda um documento que continha informações importantíssimas sobre um processo em curso. Representava os interesses de seu cliente original, que por acaso era responsável por metade de sua renda.

Esse cliente meteu na cabeça que o solucionador lhe passaria as informações porque eram amigos e ninguém mais ficaria sabendo do que acontecera. O solucionador se recusou a fazer isso. O cliente ameaçou procurar outro profissional se o conteúdo do documento não lhe fosse revelado. O solucionador permaneceu inabalável. Naquela noite dormiu pouco, tossindo e se revirando na cama. Tinha um filho pequeno e outro estava a caminho; perder aquele cliente colocaria sua família numa situação financeira difícil. Em meio à tribulação, justamente quando acabara de decidir que sua honra valia mais que qualquer outra coisa, o telefone tocou. Era o cliente, desculpando-se pela exigência descabida.

O solucionador agradeceu ao cliente e explicou-lhe seu dilema: se fornecesse as informações, perderia ao mesmo tempo a honra e o cliente, pois, ficando de uma vez por todas demonstrado que ele não era totalmente honrado, como poderia o cliente ter certeza de que não seria traído por sua vez? No dia seguinte, tudo se resolveu satisfatoriamente para todos e o solucionador conquistou um cliente para a vida inteira.

O Solucionador Não Tem de Ser Bonzinho

Bryan estava terminando um longo relacionamento com Gene, seu sócio. O caso tinha inúmeras facetas financeiras, contratuais, pessoais e emocionais. Por conselho do advogado, Gene não deveria comunicar-se com Bryan. Marcou-se uma reunião. Como Gene não queria ser razoável, o clima era tenso. Bryan concluiu que o sócio não queria resolver as dificuldades surgidas entre ambos.

Gene e seu advogado encarnavam a atitude de insensatez. E o advogado mostrava-se ainda mais teimoso do que Gene. Era como se quisesse acertar contas com o mundo e Gene lhe tivesse caído do céu. Além disso, havia uma longa associação de negócios entre o advogado e o sócio de Bryan; ele atuara como consultor da sociedade durante os dois anos de sua existência.

Eu tinha em mente uma possível solução antes de conversar com Bryan, Gene ou o advogado deste. A reunião fora marcada para resolver os diversos problemas, mas muita coisa tinha de ser examinada. A sociedade continuaria? Assumiria outra forma? Se um grande contrato fosse assinado ou se a companhia fosse vendida a um investidor, Bryan ficaria com o quê? Todos queriam explorar o método antigo e propor várias idéias especulativas.

Após os cumprimentos, declarei: "Estamos aqui para resolver hoje mesmo essa embrulhada!"

Mostrei-me franco e firme na decisão de criar um clima adequado, procurando ao mesmo tempo descobrir se seria possível chegar a uma solução mesmo com toda aquela animosidade. Em vista dos insultos pessoais e atitudes insensatas, comecei a ficar inquieto — a ponto de ter de declarar outra vez qual era o motivo da reunião. Queria deixar isso absolutamente claro para todos e impedir desvios na conversa. Tinha vindo para resolver o caso naquele mesmo dia. Bryan, que não acreditava numa solução rápida, estava visivelmente aborrecido com tamanha hostilidade. Os ataques continuaram. O ar ia ficando cada vez mais irrespirável. O autocontrole chegava aos limites — o autocontrole deles, não o meu.

À medida que o ponto de ebulição se aproximava, meus instintos e atenção se aguçavam. A sala podia ter ficado insuportavelmente quente, mas eu estava cada vez mais calmo, concentrado, bem-intencionado e ágil. Sentia raiva; no entanto, com fria deliberação, adverti severamente: "Se fizer outro comentário idiota ou disser outra palavra ofensiva a este homem, irá se arrepender. Pare com isso agora!"

Bryan nunca vira agir ou falar daquela maneira o homem que agora era seu defensor. Mostrei-me incisivo, transparente, firme, perigoso e quase letal — mas sem perder o controle, sem abusar, sem ser grosseiro nem impiedoso. Todas as células de meu corpo funcionavam em harmonia. Todas queriam saltar ao pescoço daquele maldito advogado. Ele entendeu a mensagem. De repente, ficou mudo, inanimado.

O clima mudou imediatamente. Com calma, é possível ouvir a solução começar a falar por si mesma. Mesmo em silêncio, você pode sentir a solução brotando de seu íntimo. Então, encontrá-la torna-se coisa fácil. O clima e a intenção que estabeleci ajudaram a fazer com que isso acontecesse.

Para realizar seu trabalho com eficiência, os solucionadores têm de ficar em terreno seguro e permitir que os outros estejam à vontade, independentemente do que estejam pensando. Precisam ter paciência para que as partes digam tudo o que é necessário dizer, qualquer que seja a fonte. Chamo sempre a atenção de meus clientes para esse ponto, para que não se sintam sozinhos no processo de solução. Porém, sou responsável pela persistência da intenção de resolver o problema, o que significa abrir espaço suficiente para acolher todos os envolvidos.

A consciência dessa necessidade mobiliza todos os instintos de meu ser. O que tiver de ser feito será feito. Não cometa o erro de pensar que os caminhos do coração são sempre amenos ou que uma boa solução de conflito é sempre bonita. O solucionador tem de ser durão: muitas vezes, não há outra escolha.

Resumo

Ao escolher alguém para ajudá-lo num conflito que você mesmo não conseguiu solucionar, certifique-se de que seja uma pessoa capaz de assessorá-lo, não de fazer tudo por você. Procure alguém que escute, tenha opiniões próprias, cobre honorários prefixados, fale sobre o aspecto humano da situação e não se leve demasiado a sério. O modelo de comportamento do solucionador dá um exemplo a ser seguido.

Reflexões

Que qualidades são mais importantes para o profissional que está ajudando você? Faça uma lista delas. Você conhece alguém que se enquadre no modelo? Descreva-o. Depois, durante 21 dias — tempo necessário para "instalar" um novo hábito — faça de conta que é um solucionador.

A vida é muito curta para ser pequena.

— Disraeli

Parte VI

O Poder da Solução

Agora que você entendeu como funciona o modelo de solução de conflitos, a Parte VI mostrará como será a sua vida quando você adotar e dominar os princípios e práticas da solução.

Capítulo 26

Como Pôr em Prática a Solução na Sua Vida Diária

Antevemos uma era em que o Poder do Amor substituirá o Amor do Poder. Então, o nosso mundo conhecerá as bênçãos da Paz.
— Gladstone

Terça-feira

Hoje é terça-feira. Você acaba de acordar de uma boa noite de sono. Mal abre os olhos, Matthew, seu marido há nove anos, anuncia que a firma onde vem trabalhando há oito finalmente ofereceu-lhe o cargo com que sempre sonhou — a responsabilidade de implementar um novo programa de desenvolvimento de recursos humanos para toda a companhia. Ele diz que aceitou a proposta no ato, embora a nova função vá implicar sua transferência imediata de San Francisco para Cleveland. Você, educadamente, cumprimenta-o — mas sua reação é ambígua. Sente-se feliz por ele, mas não sabe como suportará a mudança, devido às conseqüências para a sua própria carreira e para as suas duas filhas, de 14 e 15 anos, do casamento anterior. Também está furiosa porque Matthew não a consultou antes de tomar a decisão.

A situação complica-se ainda mais porque você acaba de tornar-se sócia da clínica médica onde trabalha há seis anos e, recentemente, prometeu às filhas que elas poderiam terminar o curso colegial em San Francisco. Agora, você não sabe mais o que fazer. Em silêncio, veste-se e vai para a clínica.

Lá chegando, descobre que foi escolhida para chefiar as enfermeiras e o grupo que dá apoio a outros profissionais em diversas áreas. Seu diretor participou há pouco de um seminário sobre equipes de trabalho autodirigidas e quer implantar esse conceito na clínica. Você tem de trabalhar com ele porque integra ao mesmo tempo a direção e o departamento financeiro. Recentemente, alguns funcionários começaram a reclamar: querem mais autonomia em seu trabalho. Portanto, esqueça a noção de que tem de dar ordens, por ser a chefona que paga os salários. Esses dias já se foram.

Perto de meio-dia, o gerente de uma empresa que lhe manda 35% do serviço telefona avisando que está prestes a assinar contrato com um hospital local, o que para você acarretará a perda daquela fatia do negócio. Bem que você gostaria de voltar para a cama! Há dois recados telefônicos à sua espera depois do almoço. Um é de sua mãe, o outro da secretária do Conselho de Educação, que você preside. Sua mãe está nervosa porque seu pai deseja mudar-se para o Arizona e o conselho está sendo ameaçado por uma greve de professores. As coisas vão de mal a pior. Mercúrio deve ter invertido sua órbita. Você se pergunta o que mais acontecerá nessa tarde.

Você está ocupadíssima, mas não se aborrece ao analisar suas fortes reações emocionais a todos esses possíveis desastres. Tem confiança em que superará a crise com pouco *Sturm und Drang*. Sabe que todos esses conflitos terão desfecho satisfatório para todos os envolvidos. Lembra a si mesma que a atitude de solução será o melhor para você. Já que precisa enfrentar tanta coisa, convém permanecer concentrada para não desperdiçar energia emocional.

Após refletir um pouco, você se senta e faz uma lista de prioridades daquilo que exige atenção e ação.

1. Telefonar para o gerente da empresa, perguntar por que ele quer mudar de hospital e marcar uma reunião.
2. Telefonar para o Conselho de Educação e marcar uma reunião de emergência com a presidente do sindicato dos professores.
3. Telefonar para seus pais, avisando que irá almoçar com eles no sábado para tentar resolver a situação.
4. Telefonar para Matthew e dizer-lhe que (a) o ama e tem muito orgu-

lho dele, (b) gostaria de jantar com ele a sós no sábado à noite e (c) precisa falar-lhe sobre a promoção que ele ganhou e o impacto disso em sua família.

5. Telefonar para Roberto, seu diretor, e marcar uma reunião para discutir a idéia de reorganizar a equipe de apoio.

Ao conferir a lista, você se sente orgulhosa pela sua capacidade de descobrir recursos. Reconhece que tem sorte por possuir um mapa capaz de conduzi-la em meio a todas essas situações rumo a uma solução.

Prontamente, você liga para o diretor-executivo da firma e pede uma reunião para as seis horas da tarde, quando já tiver liberado o último paciente. Diz-lhe que a empresa dele é seu melhor cliente, que você fará o possível para conservá-la e gostaria de saber por que ele está examinando a possibilidade de trocar de fornecedor. Você fica agradavelmente surpresa ao descobrir que ele se dispõe de bom grado a conversar. E, de si para si, reconhece o valor da atitude de solução.

Resolve telefonar pessoalmente para a presidente do sindicato dos professores. A primeira coisa que você diz quando ela atende é que deseja encontrá-la para resolver os itens principais da negociação contratual. Sabe que ela é sensível ao impacto da greve nas crianças, nos pais, professores etc. Reconhece que os professores devem estar bastante preocupados com os termos atuais de seu contrato, já que pensam em greve, sendo sua intenção ouvir-lhes as queixas e tentar um acordo. A presidente agradece sua atenção e boa vontade em evitar fingimentos, passando uma mensagem franca. Você sente que está ganhando forças quando concorda em encontrar-se com ela na quarta-feira às cinco horas da tarde, e age de acordo.

Telefona para sua mãe e encontra-a quase histérica. A idéia de ficar longe dos filhos, dos netos, dos amigos e da casa em que mora há quarenta anos deixa-a louca. E, o que é mais desconcertante, seu pai nem quer discutir o assunto. Sua cabeça está feita e pronto. Você diz que vai telefonar para ele e promete resolver tudo depois do almoço, no sábado. Ela se acalma um pouco. De fato, telefona ao pai e lhe declara que ele está sendo autoritário ao tomar uma decisão dessas unilateralmente (como fez seu marido). Marca o almoço com os dois, mas pede que o pai compareça com mente aberta. Ele afirma estar disposto a desculpar-se por não ter consultado sua mãe e promete comparecer ao almoço com a mente aberta; mas insiste em que vai mesmo mudar-se. Você diz: "Obrigada, vejo vocês no sábado".

Em seguida, liga para seu marido. Diz-lhe que o ama e que o relacionamento sobreviverá não importa qual decisão profissional deva ser tomada. Ressalva que, embora saiba quão importante é para ele a promoção, ficou desapontada por ele não ter discutido o assunto com você. Aquilo contrariou todos os acordos em que seu casamento se baseia. Convida-o para um jantar sábado à noite, no restaurante que ele escolher, para que discutam tudo e resolvam logo a situação. Ele aceita. Você percebe que ele irá defender a "prerrogativa de sua carreira masculina" e que a conversa não será fácil. Mas assegura-lhe novamente que quer apoiá-lo e compreende a importância do cargo para ele.

Depois, liga para o seu diretor e marca com ele uma reunião para as 7:30 da manhã seguinte.

Respira fundo e nota que está se sentindo bem. Mesmo que os problemas sejam graves, você se antecipou a todos eles. As bolas estão em jogo e, posto que as conversas não vão ser fáceis, de algum modo elas já foram encaminhadas. Portanto, você se sente muito bem quando começa a atender os pacientes da tarde.

A caminho para falar com o cliente, você relembra a história da relação entre sua clínica e ele. Não imagina qual seja o motivo para a mudança. Decide que o objetivo principal da reunião será o lançamento de bases para um novo acordo e que a coisa mais importante que quer descobrir são as condições de satisfação para uma relação bem-sucedida e duradoura.

Troca cumprimentos amáveis com Dan Johnson e em seguida vai diretamente ao problema. Pergunta a Dan o que está acontecendo. Ele explica que as mudanças nada têm a ver com a qualidade do atendimento da clínica e que tudo é conseqüência de uma nova aquisição de sua empresa. A firma adquirida tem contrato com o hospital local. Mas esclarece que nada ainda foi lançado por escrito e que a preocupação principal continua sendo o melhor tratamento possível para seus pacientes. Você confessa que não quer perder nenhum cliente e que fará de tudo para preservar aquele relacionamento. Planeja elaborar um acordo que tornará explícita a "parceria" até então implícita. Mais importante ainda, precisa de informações para que sua organização seja seu fornecedor ideal.

Ele diz que está tudo bem. Você passa a examinar todos os elementos do modelo de acordo que aprendeu. Vocês discutem um esquema para a prestação dos serviços, a contribuição de cada um para a melhoria do atendimento, como se irá medir o grau de satisfação, as preocupações de cada uma das partes e um método específico de solução de conflitos. Você agradece a colaboração de Dan e informa que lançará tudo por escrito, para controle de ambos. Quando está prestes a sair, ele diz: "Obrigado. Ninguém nunca me ouviu com tanta atenção quando expliquei o que queria de nossos fornecedores independentes. Se concretizarmos o acordo que acabamos de discutir, teremos um relacionamento que poucos achariam possível". Você agradece e explica que esse foi apenas o primeiro passo.

À noite, seu marido se mostra especialmente atencioso. Quer conversar sobre a mudança e sobre o que você está sentindo. Você o beija e diz que convém adiar a discussão até o jantar de sábado — que, se tiverem tempo para refletir melhor, ambos lucrarão.

Quarta-feira

Na manhã seguinte, às 7:30, você se encontra com Roberto, seu diretor. Ele está ansioso para transformar toda a equipe de apoio, de 22 funcionários, num grupo auto-suficiente. Você lhe pergunta o que vem a ser isso. Ele responde que é uma forma de organização segundo a qual os membros da equipe estabelecem metas, padrões de desempenho, horários, compensações e critérios de avaliação. Você declara que, a seu ver, isso significa que os próprios funcionários se encarregarão do espetáculo no que se refere ao trabalho deles.

Como tem lido muito a respeito de aumento de produtividade, você gosta da idéia. Um artigo informava que muitos trabalhadores rendem aquém de sua capacidade porque não respeitam as pessoas que os chefiam nem as opiniões deles sobre seu desempenho. As idéias daquele artigo fizeram sentido para você, que considera as equipes autodirigidas um passo na direção certa. Dá sua bênção a essas idéias. Também pede que Roberto implemente o processo pelo qual se faça um acordo entre a "equipe" e a clínica, além de outros acordos entre cada indivíduo, de um lado, e a equipe e a clínica, de outro. Seu objetivo tem sido permitir que todos expliquem suas necessidades pessoais e beneficiar-se integralmente daquilo que cada um puder oferecer à clínica. Acha que o conceito de equipe é uma ótima maneira de criar um ambiente aberto, em que o indivíduo é totalmente responsável pelo que faz. Diz, pois, a Bob que você está satisfeita com a nova estrutura a ser instalada. Põe-se à disposição para auxiliar em tudo no processo.

A reunião com a presidente do sindicato dos professores deixa-a ansiosa, devido ao impacto potencial de uma greve. Você lhe pergunta se a reunião pode ser "extra-oficial", já que deseja uma conversa franca. Diz-lhe que, recentemente, conheceu um processo destinado a trazer à luz todos os elementos de um conflito e pergunta se ela quer participar. A presidente concorda, desde que você conduza o processo passo a passo. Você concorda e vai em frente. Já deixou clara sua intenção de fazer o melhor para resolver o caso. Enfatiza quão essencial é a autenticidade para obterem o resultado que ambas desejam.

Cada uma conta a sua própria história sobre a situação atual. Em seguida, você atua ao mesmo tempo como orientadora e participante num processo de completude. O que logo fica claro é que, na reunião anterior, ambas estiveram mistificando e sonegando informação importante. A solução então obtida, embora dentro do paradigma jurídico tradicional, deu início a um jogo mortal. Agora, a conversa lhe permite vestir a camisa da presidente do sindicato; agora, você tem um quadro completo da situação e vê a possibilidade de solucioná-la. Propõe a solução; ela a aceita. Obteve-se um acordo em princípio, que mais tarde será implementado por seus advogados. Em vista do sucesso, você sugere que se encontrem novamente na próxima semana a fim de esboçarem um "acordo de resultados", que criará uma parceria verdadeira entre os professores e a administração.

De volta, você se sente realizada. Acionado o processo de completude com a presidente do sindicato dos professores, você procura colaboradores para chegar a uma solução capaz de contentar a todos. As exigências dos professores lhe pareceram legítimas, como as suas próprias. Vocês duas se tornaram pessoas criativas, empenhadas solidariamente no problema geral que fazem questão de resolver. Amanhã será outro dia, mas até agora você se saiu bem!

Quinta e Sexta-feira

Você passa o resto da semana com uma sensação de alívio. Começa a acreditar na idéia de que os conflitos propiciam uma oportunidade para a expressão mais elevada do eu. Inimiga do conflito, como somos muitos de nós, você nunca percebera que procurar uma solução pode melhorar a vida e fortalecê-la. Por isso, está muitíssimo contente por ter aprendido um meio sistemático de passar para o outro lado.

Ao deitar-se, na sexta-feira, você já sabe melhor quem é, após refletir sobre o modo como enfrentou os problemas da semana. Dorme profundamente, resistindo ainda à proposta de seu marido de conversar a respeito da promoção.

Sábado

Depois de sua ronda matutina na clínica, você chega para o difícil almoço com seus pais. Intriga-a o fato de, após quarenta anos de casamento, seu pai e sua mãe não saberem ainda como travar um diálogo produtivo, onde ocorra uma verdadeira comunicação. Eles continuam vivendo num mundo de culpas, queixas, teimosia quanto a ter razão e omissões. Um divórcio e certo número de relacionamentos difíceis forçaram você a examinar com mais cuidado o palco do convívio humano. Sabe que cada geração tem novos horizontes a explorar.

Você pede à sua mãe que conte a sua história. Depois, ao seu pai. Precisa vigiar os dois para que não interrompam ou façam comentários impertinentes. Pergunta-lhes o que funcionou em seu casamento e eles se descontraem ao evocar uma vida inteira de lembranças maravilhosas. Vão-se soltando aos poucos. A seguir, você pergunta o que não funcionou e passa a ouvir exatamente o que se esperaria de pessoas que viveram quarenta anos juntas. Quando lhes pede para se perdoarem um ao outro e a si mesmos, eles fazem isso. Quando lhes pede para agradecerem um ao outro e a Deus por sua união, eles o fazem. Quando lhes pergunta o que mais precisa ser dito, afirmam que pouco se importam com o lugar onde moram, desde que estejam juntos. Ambos assumem a responsabilidade por terem sido teimosos e indiferentes.

A solução está a caminho. Você lhes pergunta então se têm alguma proposta. Seu pai declara que vai esquecer seus planos de mudança, que não valem a culpa e os agravos que suscitaram. Sua mãe diz que tudo está bem, mas gostaria que o marido aproveitasse o Arizona o máximo possível. Concordam em passar um quarto do ano naquele Estado e o resto em San Francisco. Agora você poderá nadar um pouco e examinar alguns papéis na clínica antes do jantar com Matthew.

Enquanto a água fresca acaricia o seu corpo, você pensa na conversa que vai ter com seu marido. Lá no fundo, está nervosa, sentindo-se muito vulnerável. Na verdade, não sabe aonde tudo isso vai parar. O casamento passará por mudanças. Na pior das hipóteses, acabará. Ver seu pai e sua mãe em ação, no entanto, fez-lhe perceber o valor da longevidade nos relacionamentos. Ao sair da piscina, após algumas braçadas, as mensagens de todos os seus mestres vêm-lhe oferecer orientação:

1. Um dos segredos da vida é saber que tudo o que podemos fazer numa situação é: "Estar presente no momento."
   "Ouça" — interior e exteriormente.
   Diga o que é verdadeiro para você.
   Não se aferre a determinados resultados.
2. O ponto mais vulnerável e mais importante no movimento rumo à solução está no "desconhecimento" da resposta. Nossa capacidade de permanecer ali até que a luz se faça é a chave para descobrir o melhor resultado.
3. O melhor esquema para qualquer situação difícil é "aprender" o caminho que a atravessa.

Agora você se sente preparada!

Volta para casa e veste-se para o jantar. Vai com Matthew a seu restaurante favorito. Apesar dos percalços da situação, acha-se agora mais bonita e saudável do que nunca. Está pronta para o diálogo.

Depois de fazer o pedido, você inicia a conversa. Como conhece bem o processo de solução, encaminha Matthew para o tipo de conversa e para a atitude de solução que deseja adotar. Diz-lhe que procurarão uma solução criativa capaz de atender aos interesses de ambos. Em virtude de sua lucidez e da atitude de solução que estabeleceu, ele concorda em participar plenamente. Você respira fundo e começa a contar a sua "história".

Confessa-lhe que se preocupa muito com ele, que o casamento é importante e que valoriza o que juntos conquistaram. Diz-lhe que respeita bastante suas realizações e não gostaria de impedir-lhe o progresso. O que quer é ver todos satisfeitos. Não poderá sair de San Francisco, mas nada fará para atrapalhar-lhe a carreira. Você vai se sentindo cada vez mais leve à medida que as palavras brotam do fundo de seu coração. Matthew fala então da angústia gerada pela situação a que chegaram — de seus medos e anseios. Pensa que deve escolher entre você e a carreira, uma escolha que por nada no mundo gostaria de fazer. Sabe que, no caso, não existe nem o certo nem o errado, que o único meio de solucionar o problema é praticar o respeito mútuo. Entende as suas preocupações, mas parece-lhe claro que a sua vida inteira e tudo aquilo por que trabalhou estão em risco nesse momento do destino.

Ambos se sentem como que suspensos num útero, ocupados em fazer nascer uma solução. O diálogo avança como os golpes de cinzel de Miguel Ângelo a desbastar a pedra que encobre uma obra-prima. Quando iniciam o processo de completude, sua energia começa a fluir. Vocês esboçam o que funciona em seu casamento: o alicerce sólido e o oásis que ele proporciona; a companhia agradável; o estímulo intelectual; o romance; a pouca gravidade dos atritos; a parceria econômica; a criação dos filhos; o respeito; a autonomia; as férias; o amor e o fato de funcionar quando tantos outros casamentos naufragam. Mas também há coisas que não funcionam: o tempo de convívio, a atenção e a energia roubados pelas exigências profissionais; a insistência de Matthew em agir da maneira que, em sua opinião, um homem deve agir, como no caso da proposta aceita sem consulta; a influência de seu ex-marido sobre os filhos; os rumos das carreiras de vocês dois; seu medo e vulnerabilidade. Isso, porém, não é tão difícil de resolver como você pensava.

Vocês concordam quanto aos aspectos pelos quais devem ser gratos: terem se encontrado depois de, um e outro, viverem relacionamentos fracassados; a casa, os filhos, a família e os amigos; suas respectivas carreiras; a base sólida que o casamento lhes proporciona. Identificar aquilo que cada qual precisa perdoar é muito instrutivo para os dois. Você perdoa Matthew pela superproteção dispensada às filhas e por não ter, às vezes, respeitado sua carreira como sempre respeitou a dele; seus flertes às vezes abusivos; as promessas que fez com relação à manutenção do lar e não cumpriu; as críticas que costumava desferir contra sua comida. Você o perdoa pelo sucesso e a ambição: afinal, o empenho de Matthew produziu boa renda e pagou a sua faculdade de medicina, mas também resultou no presente impasse. Matthew a perdoa por seus compromissos no conselho escolar; por sua recusa em acompanhá-lo na prática do ski; pela bagunça de seu escritório doméstico e por seus gatos. Mas, acima de tudo, perdoa-a por sua carreira bem-sucedida e por sua devoção aos pais, filhos e comunidade.

Depois que vocês se perdoam pelos atributos positivos de suas vidas, um clima de respeito e admiração começa a surgir. Agora, vêem um ao outro de um modo mais profundo. Um elemento de admiração e cuidado pelos interesses e aspirações recíprocos vem à tona. Os dois experimentam a angústia que as mudanças costumam trazer, a tristeza do desapontamento quanto ao que pensavam que sua vida continuaria a ser. Temem as mudanças e a separação diária. Entretanto, a solução parece clara para ambos.

Para que tudo se complete, é necessário que cada um diga que está pronto para realizar a transição, a separação ou as tarefas do casamento.

Estipulou-se que Matthew iria para Cleveland, montaria casa e voltaria no fim de semana de quinze em quinze dias. Os outros detalhes seriam considerados mais tarde. Mas uma coisa ficou clara: vocês serão parceiros por toda a vida e nada conseguirá destruir essa parceria. O resto da noite foi muito íntimo, uma proximidade de que jamais se esquecerão. Depois de rever a conversa e as emoções que experimentaram, sentiram-se bem melhores, como nunca ocorrera. Você descobriu, do fundo da alma, que aquele homem era o seu parceiro e que ambos estavam apenas iniciando uma nova aventura juntos. Percebeu todas as oportunidades presentes na nova era — a era que chamaram de "Separação, Crescimento, Autonomia e Responsabilidade".

Fim de Ano

No fim do ano, você refletiu sobre o valor da atitude de solução e seu desenvolvimento graças ao processo de solução. Você e Matthew estão muito bem: o casamento não poderia ser melhor. Embora a transição não tenha sido fácil, em vez de se sentirem frustrados e preocupados com relação a outras prioridades, vocês passaram a ter um convívio mais freqüente e com mais qualidade. Um e outro estão mais livres para dedicar-se à sua vocação e às causas que defendem. E, quando se encontram, é como se fosse uma nova lua-de-mel.

Matthew vem sendo sondado para a presidência de uma divisão da companhia. Quanto a você, passou a ser sócia de pleno direito na clínica. O acordo que fez com seu cliente foi tão bem-recebido, que quase não há tempo para atender aos pacientes que ele lhe envia. Você teve mesmo de contratar mais dois médicos. Sua equipe aumentou a produtividade em 33% e o clima ali é de fraternidade e solidariedade. O acordo com a presidente do sindicato dos professores foi saudado como um modelo inovador, tanto no procedimento quanto na substância. Você se viu nomeada para o Conselho Estadual de Educação e tem viajado por todo o Estado fazendo palestras sobre seus métodos de ação. A mudança de seus pais para um retiro no Arizona fez com que o casamento deles se renovasse: estão muitíssimo felizes e saudáveis.

Agora, às vésperas do Ano-Novo, você se sente grata por não existirem conflitos em sua vida. Tem produzido resultados além das expectativas — e vivido bem. Você beija seu marido adormecido e volta-se para que o calor do sol acaricie sua face.

O homem só recebe aquilo que está pronto para receber...
Só ouvimos e apreendemos aquilo que, em parte, já é do nosso
conhecimento... Assim, cada homem abre seu caminho na vida —
ouvindo, lendo, observando, trabalhando. Suas observações
formam uma cadeia. O fenômeno ou fato que de modo algum se
harmoniza com tudo o mais que já observou, ele não observa.
Um dia, estaremos prontos para receber o que ainda
não está ao nosso alcance.

— Henry David Thoreau

Notas

As epígrafes dos capítulos, afora menção expressa, são citações de *The Forbes Scrapbook of Thoughts on the Business of Live*, Nova York: B. C. Forbes & Son, 1950.

1. Um cliente meu, com mania de organização, usou esse termo quando eu o orientava durante uma série de negociações delicadas.

2. A estatística foi citada no artigo de David Hoffman, "How To Keep Your Company Out of Court — New Methods of Dispute Resolution", *Directorship*, v. 22, nº 2, fevereiro de 1996 (Greenwich, 1996).

3. Entrevista com Alvin Toffler, *Wired Magazine*, novembro de 1993.

4. Essa história está em Joel Barker, *Paradigms: The Business of Discovering the Future* (Nova York, Harper Business, 1993).

5. Jerry B. Harvey, *The Abilene Paradox and Other Meditations on Management* (Nova York, Lexington Books, 1988).

6. Steven Covey, *Seven Habits of Highly Effective People* (Nova York, Simon & Schuster, 1989).

7. Roger Dawson, *Secrets of Power Negotiating* (Hawthorne, NJ, Career Press, 1995).

8. Angelis Arrien, *The Four Fold Way* (Nova York, HarperCollins, 1993).

9. John Kabat-Zinn, *Wherever You Go, There You Are* (Nova York, Hyperion, 1994).

10. Margaret Wheatley, *Leadership and the New Science* (San Francisco, Berrett-Koehler, 1992). [*Liderança e a Nova Ciência*, publicado pela Editora Cultrix, São Paulo, 1996.]

11. Robert Benjamin, "The Mediator as Trickster", *Family Mediation Quarterly*, v. 13 (San Francisco, Jossey-Bass, outono de 1995).

12. Edward DeBono, *Conflicts, A Better Way to Resolve Them* (Londres, Harrap Limited, 1985).
13. A expressão "administração de livro aberto" aparece em Jack Stack, *The Great Game of Business* (Nova York, Doubleday, 1992).
14. Rachel Naomi Remen, M. D., *Kitchen Table Wisdom* (Nova York, Riverhead Books, 1996).
15. Scott Peck, M. D., *The Road Less Traveled* (Nova York, Simon & Schuster, 1978).
16. Bill Lamond, instrutor e consultor, foi quem me mostrou pela primeira vez uma forma do "processo de completude".
17. Robert M. Bramson, *Coping With Difficult People* (Nova York, Anchor-Doubleday, 1981).
18. Max DePree, *Leadership Is an Art* (Nova York, Doubleday, 1989).
19. Deepak Chopra, M. D., *Creating Affluence* (San Rafael, CA, New World Library, 1993).
20. Napoleon Hill, *Think and Grow Rich* (Nova York, Fawcett Crest [ed. rev.], 1960).
21. Maxwell Maltz, M. D., *Psycho-Cybernetics* (Nova York, Simon & Schuster, 1960).
22. O Grupo STI (Steuart Place, San Francisco, CA) desenvolveu um modelo de liderança chamado "Como Aumentar Seu Poder e Influência".
23. James Kouzes e Barry Posner, *The Leadership Challenge* (San Francisco, Jossey-Bass, 1987).
24. Max DePree, *Leadership Jazz* (Nova York, Currency Doubleday, 1992).
25. Humberto Maturana, *The Tree of Knowledge* (Boston, Shambhala, 1992).
26. Matt Ridley, *The Origins of Virtue* (Nova York, Viking-Penguin, 1997).
27. Dr. Steven Covey, *Principle Centered Leadership* (Nova York, Summit, 1991).
28. Tom Petzinger, *The Wall Street Journal* (Nova York, 25 de fevereiro de 1997).
29. O princípio da auto-organização é também uma premissa de Margaret Wheatley e Myron Kellner-Rogers, *A Simple Way* (San Francisco, Berrett-Koehler, 1996).
30. Segundo o Dr. Fernando Flores, essas áreas são "domínios de preocupação permanente".
31. Karl Llewellen, *The Bramble Bush* (Nova York, Oceana, 1930).
32. Robert A. Baruch Bush e Joseph P. Folger, *The Promise of Mediation* (San Francisco, Jossey-Bass, 1994).
33. Jeffrey G. Kichaven, *Mediation Is Not for Sissies* (*Los Angeles County Bar Association Litigation Newsletter*, v. 13, nº 2, inverno de 1996).

Bibliografia Selecionada

ABURDINE, Patrícia e NAISBITT, John. *Megatrends for Women*, Nova York, Villard, 1992.

ACLAND, Andrew Floyer. *A Sudden Outbreak of Common Sense*, Londres, Hutchinson Business, 1990.

ARRIEN, Angelis. *The Four Fold Way*, Nova York, Harper Collins, 1993.

BANDLER, Richard. *Using Your Brain — For a Change*, Moab, Utah, Real People Press, 1985.

BANDLER, Richard e GRINDER, John. *Frogs into PRINCES*, Moab, Utah, Real People Press, 1979.

BARKER, Joel. *Paradigms: The Business of Discovering the Future*, Nova York, HarperBusiness, 1993.

BUSH, Robert A. Baruch e FOLGER, Joseph P. *The Promise of Mediation*, San Francisco, Jossey-Bass, 1994.

CHAMPY, James. *Reengineering Management*, Nova York, HarperBusiness, 1995.

CHOPRA, Deepak, M. D. *Creating Affluence*, San Rafael, New World Library, 1993.

COELHO, Paul. *The Alchemist*, Nova York, Harper San Francisco, 1993.

COVEY, Steven. *Principle Centered Leadership*, Nova York, Summit, 1991.

COVEY, Steven. *Seven Habits of Highly Effective People*, Nova York, Simon & Schuster, 1989.

CRUMM, Tom. *The Magic of Conflict*, Nova York, Simon & Schuster, 1987.

DANA, Daniel. *Talk It Out*, Human Resources Development Press, 1990.

DAS, Ram e GORMAN, Paul. *How Can I Help: Stories and Reflections on Service*, Nova York, Alfred A. Knopf, 1987.

DAWSON, Roger. *Secrets of Power Negotiating*, Hawthorne, NJ, Career Press, 1995.

DeBONO, Edward. *Conflicts, A Better Way to Resolve Them*, Londres, Harrap Limited, 1985.

_____. *Serious Creativity*, Nova York, HarperBusiness, 1992.

DePREE, Max. *Leadership Is An Art*, Nova York, Doubleday, 1989.

_____. *Leadership Jazz*, Nova York, Doubleday, 1992.

DYER, Dr. Wayne. *Gifts from Eykis*, Nova York, Simon & Schuster, 1983.

EDELMAN, Joel. *The Tao of Negotiation*, Nova York, HarperBusiness, 1993.

EISLER, Riane. *The Chalice & The Blade*, San Francisco, Harper & Row, 1987.

FISHER, Roger e BROWN, Scott. *Getting Together*, Boston, Houghton Mifflin, 1988.

FISHER, Roger e URY, William. *Getting to Yes*, Boston, Houghton Mifflin, 1981.

FRITZ, Robert. *Creating What You Always Wanted To*, Salem, Massachusetts, DMA, 1985.

GOLEMAN, Daniel. *Emotional Intelligence*, Nova York, Bantam, 1995.

HANH, Thich Nhat. *Being Peace*, Paralaax Press, 1987; *Touching Peace*, Paralaax Press, 1992; *Peace Is Every Step*, Bantam, 1991. [*Vivendo em Paz*, publicado pela Editora Pensamento, São Paulo, 1997.]

HENRY, James F. e LIEBERMAN, Jethro K. *The Manager's Guide to Resolving Legal Disputes*, Nova York, Harper & Row, 1985.

HILL, Napolean. *Think and Grow Rich*, Nova York, Fawcett-Crest, 1937.

KATZENBACH, John R. e SMITH, Douglas K. *The Wisdom of Teams*, Cambridge, Harvard Business School Press, 1993.

KEEN, Sam. *Fire in the Belly: On Being a Man*, Nova York, Bantam, 1991. [*O Homem na sua Plenitude*, publicado pela Editora Cultrix, São Paulo, 1993.]

KNEBEL, Fletcher e CLAY, Gerald S. *Before You Sue: How to Get Justice Without Going to Court*, Nova York, William Morrow, 1987.

KOLB, Deborah M. (org.). *When Talk Works*, San Francisco, Jossey-Bass, 1994.

KOUZES, James M. e POSNER, Barry Z. *The Leadership Challenge*, San Francisco, Jossey-Bass, 1987.

_____. *Credibility*, San Francisco, Jossey-Bass, 1993.

MALTZ, Maxwell, M. D. *Psycho-Cybernetics*, Nova York, Simon & Schuster, 1960.

MATURANA, Humberto. *The Tree of Knowledge*, Boston, Shambhala, 1992.

MINDELL, Arnold. *The Leader as Martial Artist*, San Francisco, HarperCollins, 1992.

MOORE, Thomas. *Care of the Soul*. Nova York, HarperCollins, 1992.

MORGEN, Sharon Drew. *Selling with Integrity*, San Francisco, Berrett-Koehler, 1997.

MOSS, Richard, M. D. *The Black Butterfly: An Invitation to Radical Aliveness*, Berkeley, Celestial Arts, 1986.

_____. *The I That Is We*, Berkeley, Celestial Arts, 1981.

NAISBITT, John. *Megatrends*, Nova York, Warner, 1982.

NAISBITT, John e ABURDINE, Patricia. *Megatrends 2000*, Nova York, William Morrow, 1990.

NOTARIUS, Clifford. *We Can Work It Out*, Nova York, Putnam, 1993.

PECK, Scott M., M. D. *The Road Less Traveled*, Nova York, Simon & Schuster, 1978.

PETERS, Thomas J. *Thriving on Chaos*, Nova York, Alfred A. Knopf, 1987.

PETERS, Thomas J. e WATERMAN, Robert H., Jr. *In Search of Excellence*, Nova York, Harper & Row, 1982.

PETERS, Tom. *Liberation Management: Necessary Disorganization for the Nanosecond Nineties*, Nova York, Ballantine, 1992.

QUINN, Daniel. *Ishmael*, Nova York, Bantam/Turner, 1993.

RAND, Ayn. *Atlas Shrugged*, Nova York, Random House, 1957.

_____. *The Fountainhead*, Nova York, Bobbs-Merrill, 1943.

REID, Alan. *Seeing Law Differently: Views from a Spiritual Path*, Ontario, Canada, Borderland, 1992.

REMEN, Rachel Naomi, M. D. *Kitchen Table Wisdom*, Nova York, Riverhead Books, 1996.

RIDLEY, Matt. *The Origins of Virtue*, Nova York, Viking-Penguin, 1997.

ROBBINS, Anthony. *Unlimited Power*, Nova York, Fawcett Columbine, 1986.

ROGERS, Carl R., Ph. D. *On Becoming a Person: A Therapist's View of Psychotherapy*, Boston, Houghton Mifflin, 1961.

SAINT-EXUPÉRY, Antoine de. *The Little Prince*, Nova York, Harcourt Brace Jovanovich, 1941.

SENGE, Peter. *The Fifth Discipline*, Nova York, Doubleday/Currency, 1990.

STACK, Jack. *The Great Game of Business*, Nova York, Doubleday, 1992.

TOFFLER, Alvin. *Powershift: Knowledge, Wealth and Violence at the Edge of the 21st Century*, Nova York, Bantam, 1990.

URY, William. *Getting Past No*, Nova York, Bantam, 1991.

VAIL, Peter B. *Learning as a Way of Being*, San Francisco, Jossey-Bass, 1996.

WEEKS, Dudley. *The Eight Essential Steps to Conflict Resolution*, Nova York, Putnam, 1994.

WEISBORD, Marvin R. (org.). *Discovering Common Ground*, San Francisco, Berrett-Koehler, 1992.

WEISBORD, Marvin R. e JANOFF, Sandra. *Future Search: An Action Guide to Finding Common Ground in Organizations and Communities*, San Francisco, Berrett-Koehler, 1995.

WHEATLEY, Margaret. *Leadership and the New Science*, San Francisco, Berrett-Koehler, 1992. [*Liderança e a Nova Ciência*, publicado pela Editora Cultrix, São Paulo, 1996.]

_____. *A Simpler Way*, San Francisco, Berrett-Koehler, 1996.

WILLIAMS, Margery. *The Velveteen Rabbit or How Toys Become Real*, Nova York, Doubleday, 1922.

WILSON, Larry. *Changing the Game: The New Way to Sell*, Nova York, Fireside, 1987.

WYLIE, Peter. *Can This Partnership Be Saved?*, Upstart Publishing, 1993.

ZAMBUCKA, Kristin. *The Keepers of Earth*, Honolulu, Harrane, 1984.

_____. *The Mana Keepers*, Honolulu, Green Glass, 1990.

LIDERANÇA E A NOVA CIÊNCIA

Margaret J. Wheatley

Nossa compreensão do universo está sendo radicalmente alterada pela "nova ciência". As descobertas revolucionárias da física quântica, da teoria do caos e da biologia molecular estão abalando os modelos científicos que predominaram nos últimos séculos. Margaret Wheatley mostra como a nova ciência traz insights poderosos para a transformação do modo pelo qual organizamos o trabalho, as pessoas e a própria vida.

Escrito em estilo leve, que torna a nova ciência acessível a não-cientistas, este livro pioneiro oferece:

- uma elucidativa exploração de como a nova ciência pode mudar a nossa forma de entender, desenhar, liderar e gerenciar organizações;
- um sumário de fácil leitura de um amplo leque de descobertas da nova ciência;
- uma nova luz sobre as questões mais desafiadoras que as organizações enfrentam hoje: o equilíbrio entre ordem e mudança, autonomia e controle, estrutura e flexibilidade, planejamento e inovação;
- inspiração e direção para que os leitores comecem sua própria jornada de descobertas aplicando idéias da nova ciência em seu trabalho e em sua vida.

UMA JORNADA PELAS DESCOBERTAS DA NOVA CIÊNCIA QUE MUDARÁ DEFINITIVAMENTE A SUA COMPREENSÃO DE LIDERANÇA, ORGANIZAÇÃO E DA PRÓPRIA VIDA.

EDITORA CULTRIX

O HOMEM NA SUA PLENITUDE

Sam Keen

O que a nossa cultura diz que os "homens de verdade" têm de fazer? Que se filiem a uma agremiação, que se destaquem no futebol, no vôlei ou no basquete. Que transem com uma porção de garotas. Sejam durões. Não revelem seus sentimentos. Dominem, tenham sucesso, vençam...

O problema com essas velhas definições é que elas não funcionam mais — e talvez nunca tenham funcionado. Os homens (e as mulheres) de hoje estão em busca de uma nova visão da masculinidade. Este demolidor livro de Sam Keen, filósofo e escritor de vanguarda, que se dedica às questões da consciência e da espiritualidade humana, apresenta uma visão alternativa das virtudes e da virilidade para a época contemporânea. Trata-se de um guia estimulante para os homens que estão à procura de novos ideais de força, potência e bravura para uma vida mais plena e apaixonada.

Em nenhum outro período da história houve tantos homens intranqüilos e questionadores em busca de novos papéis, de novos modos de ser e de cura para o macho ferido dentro deles. *O Homem na sua Plenitude* ajuda a fornecer respostas significativas. O livro abre com uma discussão franca a respeito da dependência masculina inconsciente à "Mulher", não a uma determinada mulher, mas ao domínio primitivo que as mulheres exercem sobre os homens. Somente quando eles passam a conhecer os mistérios exclusivamente masculinos é que se tornam capazes de construir relacionamentos carinhosos, satisfatórios uns com os outros, com suas companheiras e com suas famílias.

O Homem na sua Plenitude enfrenta com coragem ritos de passagem ultrapassados que empobrecem, prejudicam e alienam os homens. Ele oferece uma "nova jornada do herói", novas rotas para a consecução das qualidades heróicas e de uma masculinidade desenvolvida, auto-realizadora e espiritualmente fundamentada. Examina o passado, reavalia os homens e o sexo, os homens e a guerra, os homens e o trabalho, proporcionando novos modelos para ajudá-los a ir da fragmentação à totalidade em cada aspecto de suas vidas.

EDITORA CULTRIX

O ESPÍRITO CRIATIVO

DANIEL GOLEMAN
(autor do *best-seller* ***Inteligência Emocional***)

PAUL KAUFMAN

MICHAEL RAY

Este livro contém uma importante mensagem: a de que a criatividade pode ser cultivada por todos – crianças e adultos, empresas e comunidades inteiras. Como você pode liberar o seu espírito criativo e usá-lo para melhorar a qualidade da sua vida? Este livro o leva a conhecer o processo criativo, fazendo-o entender os reinos da intuição e do "fluxo criativo", onde os nossos esforços estão perfeitamente à altura da tarefa que temos em mãos. Ele oferece uma série de exercícios práticos para aumentar sua criatividade e desfazer hábitos preconceituosos de pensamento, e leva você numa viagem ao redor do mundo contando-lhe histórias inspiradoras sobre o espírito criativo em ação:

- Uma escola revolucionária italiana mostra como liberar a criatividade das crianças.
- O gênio cômico Chuck Jones, lendário criador do coelho Pernalonga, explica por que "a ansiedade é a serva da criatividade".
- Uma inovadora fábrica sueca abre mão da hierarquia e revela todos os segredos da empresa aos funcionários.
- Uma igreja urbana norte-americana usa a antiga arte da escultura para ajudar na reconstrução de uma comunidade.

Repleto de humor e dos altos e baixos da criatividade, *O Espírito Criativo* nos encoraja a investir na paixão, na persistência e na disposição de correr riscos que podem nos fazer sentir a alegria de viver.

EDITORA CULTRIX